KB028546

센스 있는
직장인의 대화법은
1%가 다르다

센스 있는 직장인의 대화법은 1%가 다르다

펴 낸 날　2024년 1월 24일 초판 1쇄

글·그림　김다솔
펴 낸 이　박지민
책임편집　김정웅
책임미술　롬디
마 케 팅　박종천, 박지환

펴 낸 곳　모모북스
서울특별시 동대문구 왕산로81, 203-1호(두산베어스 타워)
전화 010-5297-8303　팩스 02-6013-8303
등록번호 2019년 03월 21일 제2019-000010호
e-mail pj1419@naver.com

ISBN 979-11-90408-49-3 13190

• 책값은 뒤표지에 있습니다.
• 잘못된 책은 구매하신 곳에서 교환해드립니다.
• 모모북스에서는 여러분의 소중한 원고를 기다립니다.
투고처: momo14books@naver.com

긍정 마인드를 만드는 말투의 힘, 삶을 성공으로 이끄는 공감의 힘

센스 있는 직장인의 대화법은 1%가 다르다

김다솔 지음

목차

1장 인생은 말투로 결정된다

2장 호감 가는 사람의 말투

3장 진심을 100% 표현하는 말투

4장 돈독하게 만드는 갈등 해결 말투

1장

인생은
말투로
결정된다

“1”

나의 말이 모여 나의 인생이 된다

'출근하기 싫다. 일어나기 너무 힘들어.'

'상쾌한 아침이네. 오늘도 파이팅하자!'

오늘 아침 습관적으로 떠오른 생각은 어떤 것인가? 직장동료 혹은 가족, 친구들과 주로 나누는 대화는 어떤 것인가? 이 세상을 살아가며 누구나 어떤 형태로든 말을 하며 살아간다. 말에는 사람의 많은 것이 담겨 있다. 이 말들이 모여 대화가 만들어지고 인간관계가 형성된다. 우리의 인생은 인간관계의 집합체라고 할 수 있다. 좋은 인생은 좋은 인간관계를 바탕으로 만들어진다. 결국 인생은 말로부터 시작된다고 할 수 있다. 당신의 말은 당신의 마음으로부터 출발한다. 따라서 좋은 말을 위해서는 가장 먼저 당신의 내면을 잘 가꾸어야 한다.

매일 습관적으로 하는 생각이 있는가? 생각에 관해 미국의 철학자 윌리엄 제임스가 한 유명한 말이 있다. "생각이 바뀌면 행동이 바뀌고, 행동이 바뀌면 습관이 바뀌고, 습관이 바뀌면 성격이 바뀌고, 성격이 바뀌면 인격이 바뀌고, 인격이 바뀌면 운명이 바뀐다." 인생을 바꾸기 위해서는 먼저 생각을 바꿔야 한다는 뜻이다. 즉, 생각만 바꾸면 인생을 바꿀 수 있다는 말이다.

'프로이트의 말실수Freudian slip'라는 용어가 있다. 속마음이 의도치 않게 입 밖으로 튀어나오는 것을 말한다. 평소 우리의 생각이 밖으로 드러난다는 것이다. 말은 우리의 생각을 표현하게 해주는 도구다. 말에는 경험과 생각이 담겨 있다. 그래서 우리가 쓰는 말을 잘 살펴보면 우리의 의견, 감정, 가치관까지도 알 수 있다. 우리가 지금 쓰는 말은 과거의 결과물이다. 평소에 하는 말들이 모여서 인성이 되고 한 사람의 인격을 만드는 것이다.

말은 단어 선택의 연속이다. 우리는 말을 할 때마다 단어를 선택한다. 긍정적인 마인드를 가질수록 긍정 단어를 선택하고, 부정적인 마인드를 가질수록 부정 단어를 선택한다. 처음에는 우리가 먼저 단어를 생각하고 생각한 단어 중에 원하는 것을 선택한다. 그러나 이 선택이 습관이 되면 습관적으로 생각하게 된다. 습관적으로 부정적인 말을 많이 하게 되면 자연스럽게 마음도 부정적으로 변하기 쉽다. 이런 말과 마음들이 모여 당신의 인생을 물들인다. 어떤 색으로 물들일지는 당신의 선택에 달렸다.

당신은 사람을 볼 때 무엇을 가지고 판단하는가? 외모? 옷차림? 지위? 재력? 이 모든 것을 뛰어넘을 수 있는 한 가지가 있다. 바로 그 사람의 '말'이다. 아무리 호감형의 외모와 좋은 옷으로 꾸며도, 높은 지위에 돈이 많아도, 타인을 무시하거나 배려 없이 말을 한다면 그 사람을 좋게 볼 수 없다. 당신은 그 사람이 내뱉는 말을 통해 그 사람을 판단한다. 상대의 말투, 억양, 사용하는 단어, 말할 때의 표정과 몸짓으로 그의 성격과 인성을 판단한다.

낯선 사람과 처음 대화 나누는 상황을 상상해보자. 당신은 밝은 미소를 머금고 대화하는 사람을 보고 좋은 성격을 가졌다고 판단하기 쉽다. 반면 작고 웅얼거리는 목소리와 단답형 대답만 돌아온다면 그 사람은 소극적인 사람인 것 같다. 말의 속도가 매우 빠르면 성격이 급하다고 생각할 수 있다. 비속어나 욕을 많이 쓰는 사람은 꽤나 거친 사람이라고 생각할 것이다. 물론 당시 상황이 어쩔 수 없는 상황이었을 수도 있고, 그 날따라 기분이 좋았을 수도, 감정이 격해졌을 수도 있다. 그럼에도 당신은 보고 듣는 말로 상대를 판단하게 된다. 상대도 마찬가지다. 그것이 맞든 틀리든 어쨌든 당신이 내뱉는 말들이 결국 당신의 이미지가 된다.

우리는 말을 통해 상대를 판단할 수밖에 없다. 상대의 속마음을 직접 볼 수가 없기 때문이다. 아무리 속마음은 긍정적이라 해도 부정적인 말만 내뱉으면 듣는 사람에게는 부정적인 이미지로만 보인다. 말은 생각을 표현하는 도구이기에 상대가 내뱉는 말로 그 인격을 짐작하게 된다. 마찬가지로 당신이 어떤 말을 하느냐에 따라 주변 사람들은 당신을 판단한다.

물론, 주변에 어떤 사람이 있느냐에 따라 당신의 생각과 말이 달라지기도 한다. 부정적인 사람, 자기 입장만 생각하는 사람, 말한 사람이 무안하도록 꼭 반대 의견을 말하는 사람, 빈정대는 사람, 매일 불평불만인 사람, 험담하는 사람, 비속어를 많이 쓰는 사람. 이런 사람들과 하루 종일 함께 있는다고 생각해보자. 그 하루의 색은 어떤 감정으로 채워질지 안 봐도 뻔하다. 당신은 순간순간 밀려오는 짜증과 답답함으로 하루를 보내게 될 것이다. '저 사람은 왜 저렇게 말하지?' 하며 속에서 새로운 불만이 싹틀 것이다.

반면, 긍정적인 사람, 당신을 존중해주는 사람, 세심한 배려가 느껴지는 사람, 작은 일에도 감사를 표현하는 사람, 진심어린 응원을 보내는 사람, 당신의 말을 주의 깊게 잘 들어주는 사람과 함께라면 어떤 하루가 될까. 몸은 고되더라도 따뜻한 마음으로 하루가 채워질 것이다. 상대에 대한 감사와 즐거움으로 입가에 미소가 지어질 것이다. 당신은 주변 분위기에 물들어 어느새 따뜻한 말을 하고 있을 것이다. 타인의 말 한마디가 당신의 하루를 좌우할 수 있다. 마찬가지로 당신의 말 한마디가 타인의 하루를 변화시킬 수도 있다.

말의 영향력을 절대 과소평가해서는 안 된다. 아무 생각 없이 툭툭 내뱉은 한 마디 한 마디가 쌓여 당신의 인격이 되고 인생을 만든다. 오늘 당신이 생각 없이 뱉은 한마디는 누군가에게 상처가 되는 말일 수도 있고, 당신을 평가하는 요소가 될 수도 있고, 당신의 삶의 태도가 될 수도 있다. 말은 돌고 돌아서 결국 어떤 형태로든 당신에게로 돌아온다. 단 한마디를 하더라도 좋은 생각을 담아서, 상대방을 배려하는 마음으로 해야 한다. 지금 하는 말이 당신 인생의 한 순간을 장식한다고 생각해보자. 당신이 쓰는 표현과 단어가 당신의 가치를 결정할 것이다.

말은 사람의 인격을 드러내기도 하지만, 말 자체로 사람의 심리를 변화시키기도 한다. 아주 사소한 토씨 하나 차이로 상대의 부탁을 들어주고 싶기도 하고, 잘되던 일이 안 풀리기도 한다. 같은 말이라도 어떻게 하느냐에 따라 상처를 줄 수도 있고, 호감형으로 보일 수도 있다. 말투를 미세하게 바꾸는 것 하나만으로 사람의 마음을 움직일 수 있다. 사람의 심리를 움직이는 기술을 이해하고 말하면 인간관계는 좋아지고 하는 일도 더욱 잘될 것이다. 사소한 차이가 만드는 효과는 엄청나다.

애리조나 주립대학교의 로버트 치알디니 교수는 여러 중산층 주택지를 방문하여 다음과 같은 말을 하며 기부를 요청했다. “미국 암협회에서 나왔습니다. 협회를 위한 모금에 참여해주세요.” 기부에 참여한 세대는 32.2%였고, 평균 기부액은 2만 3천 원이었다. 다음에는 한 문장을 더하여 기부를 요청했다. "미국 암협회에서 나왔습니다. 협회를 위한 모금에 참여해주세요. 단돈 1페니라도 좋습니다." 그랬더니 58.1%가 흔쾌히 기부를 하였고 평균 모금액은 3만 5천 원이었다.

이는 상당히 검증된 방법으로 '이븐 어 페니' 테크닉이라고 한다. 부탁을 할 때 '~만이라도 좋다'라고 말하면 상대방이 들어줄 확률이 높아진다. 부탁이 작게 느껴질수록 상대는 흔쾌히 들어주고, 그 이상의 호의를 베풀 때가 많다. 이렇듯 사소한 말의 차이가 다른 결과를 불러일으킨다.

마인드를 갈고닦아 좋게 우러나오는 말을 하는 것은 중요하다. 그러나 그것을 제대로 전달하는 기술도 알아야 한다. 단지 말을 전달하는 것이 아니라, 상대에게 잘 전달되는 말을 해야 한다. 말을 받아들이는 것은 결국 상대이기 때문이다. 제대로 전달한다는 것은 제대로 전달이 되었다는 뜻이다. 진정성 있는 내면과 전달 기술이 조화롭게 어우러질 때 비로소 제대로 말했다고 할 수 있다. 제대로 말하는 순간이 쌓일수록 미래의 당신에게 긍정적인 모습으로 돌아온다.

오늘 당신은 어떤 말투로 하루를 보냈는가? 당신은 어떤 인생을 만들고 있는가?

“2”

대화를 잘하는 것은 원래 어렵다

대화를 잘한다는 것은 무엇일까? 대화하면서 즐거운 기분이 들고 말하려는 의도가 잘 전달되었다는 것이다. 대화를 잘하려면 어떻게 해야 할까? 아마 다들 한 번쯤 들어봐서 알 것이다. 진심을 다해 경청해야 하고, 공감해야 하며 내용이나 의도를 분명히 전달해야 한다. 모두가 이 뻔한 사실을 알고 있고, 대화를 잘하려고 노력하지만 마음대로 되지 않는다. 경청, 공감, 전달만 잘하면 되는데 무엇이 대화가 잘 흘러가지 않게 방해하는 것일까?

먼저, 경청이 잘 안 되는 이유를 알아보자. 경청은 크게 '수동적 경청'과 '능동적 경청'이 있다. '수동적 경청'은 단순히 듣는 것이다. 밖을 거닐면 들리는 자동차 소리, 발자국 소리처럼 그냥 귀로 들리는 것이다. 한 귀로 듣고 한 귀로 흘려버리는 듣기이다. '능동적 경청'은 들은 것을 이해하고 반응하고 기억하는 것이다. 대화가 잘되려면 바로 '능동적 경청'이 잘되어야 한다. 이를 위해서는 엄청난 집중력과 주의력을 끌어모아야 한다. '능동적 경청'이 쉽지 않은 이유다.

미국의 심리학자 칼 로저스는 다음과 같은 말을 하며 '능동적 경청'이 엄청난 집중력을 요구하는 일이라고 알려준다. "말을 깊이 듣는다는 것은 상대방의 생각, 감정 등을 이해한다는 것이다. 나아가서는 말하는 사람의 의도 밑에 숨어있는 의미까지 듣는다는 것이다. 말을 잘 듣기 위해서는 상대방의 감정과 그 안에 담겨 있는 메시지를 읽는 집중력과 노력이 요구된다. 듣기 능력은 기술이며 많은 훈련을 통해 바꿀 수 있다." 듣기는 훈련이 필요할 만큼 어려운 일이다.

본래 인간의 본성은 산만해지기 쉬운 경향이 있다. 스마트

폰으로 글 하나를 끝까지 읽기도 전에 다른 링크를 클릭해 넘어가는 일이 빈번하다. 다른 누군가가 말하는 동안, 수많은 잡생각들이 머릿속을 헤집고 다니는 것은 아주 자연스러운 일이다. 때문에 이 생각들을 흘려보내고 온전히 상대의 말에 주의를 기울여 듣는 것은 정말 어려운 일이다. 당신뿐만이 아니다. 상대방도 똑같이 엄청난 집중력을 발휘해 당신의 말을 귀 기울여 들어야 한다.

대화를 잘하기 위해서는 집중력이 필요하다. 그러나 우리가 대화할 때마다 모든 집중을 발휘하기는 힘들다. 몸의 상태가 좋지 않을 수도 있고, 마음속 문제 때문에 들을 여유가 없을 수도 있다. 긴 하루를 끝낸 후의 대화라 집중이 잘 안 되는 것은 당연할지도 모른다. 집중하는 데 필요한 에너지가 고갈된 상태이기 때문이다. 집중은 상당히 많은 에너지를 필요로 한다. 이렇게 우리를 둘러싼 여러 가지 상황은 '능동적 경청'을 제대로 하지 못하게 만든다.

경청이 제대로 안 되는 또 다른 이유는 사람들은 듣기보다 말하기를 더 좋아하기 때문이다. 본인의 인생에서는 자신이 주인공이기 때문에 모두 자기 이야기를 하고 싶어 한다. 자신이 겪은 슬픈 이야기, 억울한 이야기, 자랑하고픈 이야기, 자신의 꿈 혹은 불만 등 자기의 이야기를 하고 싶어 한다. 말하기는 인간의 원초적인 본능이다. 상대의 말을 듣는 동안 많은 생각들이 떠오르며 말하고 싶은 욕구는 자연스러운 것이다.

『성공하는 사람들의 7가지 습관』의 저자인 스티븐 코비는 우리의 대화 목적이 듣는 것이 아니라 말하는 것이라며 다음과 같이 말했다. "대부분의 사람들은 이해하기 위해 듣지 않습니다. 그들이 상대의 말을 듣는 건 응답하기 위해서입니다." 오늘 당신이 한 대화들을 한번 생각해보자. 당신은 상대방을 이해하기 위해 대화를 했는가? 아니면 오늘 당신이 겪은 일, 감정을 공유하고 공감받기 위해 대화를 했는가? 혹은 무언가를 부탁하기 위해서, 설득하기 위해서 대화를 했는가? 잘 생각해보자.

인간은 말하고자 하는 성향을 타고났다. 인간이 말하기를 좋아한다는 연구결과도 있다. 하버드 과학자들은 한 연구실험에서 참가자들이 자기 자신에 대한 이야기를 할 때 코카인

이나 설탕에 반응하는 뇌 부위가 활성화된다는 것을 발견했다. 자기 자신에 대해 말하는 것이 뇌의 쾌락을 담당하는 부분을 활성화시킨다는 것이다. 그만큼 우리는 말하기를 좋아한다. 실제로 말하기는 매우 유용하다. 말하기를 통해 우리는 정체성이 강화되기도 하고 즐거워지기도 하고 원하는 바를 이룰 수도 있다. 집중력이 필요한 듣기보다는 쾌락을 주는 말하기가 더 쉬울 수밖에 없다. 말하기 욕구를 참는 것은 어렵다. 이것이 경청을 어렵게 만든다.

아무리 집중을 다해 '능동적 경청'을 하더라도 공감이 되지 않으면 대화는 잘되지 않는다. 공감이 잘 안 되는 이유는 우리가 모두 다른 인간이기 때문이다. 공감의 사전적 의미를 보면 '남의 감정, 의견, 주장 따위에 자기도 그렇다고 느낌. 또는 그렇게 느끼는 기분.'이다. 공감을 하려면 대화하면서 상대의 감정과 같은 느낌을 느껴야 한다. 인간은 제각기의 경험과 가치관을 가지고 살아간다. 아무리 같은 상황이라도 당신이 느끼는 감정과 다른 사람이 느끼는 감정은 다를 수 있다. 자신의 생각과 다른 부분에서는 공감을 하기가 쉽지 않다.

공감하려면 배려가 담긴 상상력이 필요하다. 상상력을 발휘해 최대한 같은 감정을 느껴보며 상대의 입장을 이해하려 노력해야 한다. 선천적으로 잘되는 사람도 있지만 그렇지 않은 사람도 많다. 공감을 잘하려면 많은 경험을 해 보거나 책을 통한 간접경험이 많아야 하며, 상상력이 풍부해야 한다. 무엇보다 역지사지를 하기 위한 배려가 필요하다. 역지사지를 해도 여전히 '나라면 이렇게 느낄 텐데…', '나라면 이렇게 행동할 텐데…'라고 생각할 수 있다. 그러나 공감은 나의 입장이 아니라 상대방의 입장에서 왜 그렇게 느꼈는지에 집중하는 것이다.

공감이 어려운 다른 이유는 상황의 맥락을 파악하는 것이 쉽지 않기 때문이다. 직장에서 상사에게 작은 야단을 맞고 펑펑 우는 동료를 보고 당신은 '왜 이런 걸로 난리야?'라고 생각할 수 있다. 하지만 동료는 최근 좋지 않은 일들을 연달아 겪으며 참고 참았다. 그러던 중 상사의 작은 야단을 기점으로 터진 것이다. 인간은 자신의 눈에 보이는 것만을 본다. 우리가 인간인 이상 자신의 입장에서 세상을 보게 된다. 상황의 일부만 듣거나 보고 상대가 이런 생각을 할 것이라며 성급한 판단을 내리기 쉽다. 때문에 진정한 공감이 어려운 것이다.

집중력을 끌어모아 경청하고 진심을 다해 상대의 입장을 생각하며 공감했다. 그렇다고 대화가 잘될 수 있을까? 당신이 경청하고 공감하고 있다는 사실이 제대로 전달되지 않으면 그 대화는 좋은 대화라 할 수 없다. 표현하지 않으면 상대방은 모른다. 반대로, 상대가 표현하지 않으면 당신도 모른다. 대화하는 내내 핸드폰을 보면서 듣고 있다고 해 봤자 상대의 화만 돋울 뿐이다. 당신이 집중하고 있다는 것을 충분히 표현해야 상대는 자신의 말을 듣고 있다고 생각한다.

미국의 경영학자인 피터 드러커가 커뮤니케이션에 관하여 한 말이 있다. "내가 무슨 말을 했느냐가 중요한 게 아니라 상대방이 무슨 말을 들었느냐가 중요하다. 커뮤니케이션에서 내가 한 말은 중요하지 않다. 그보다는 무슨 말을 어떻게 들었는지가 훨씬 중요하다." 당신의 의도도 중요하지만, 그보다 더 중요한 것은 그 의도가 상대에게 잘 전달되는 것이다. 유머든 조언이든 전부 마찬가지다. 아무리 좋은 의도로 말을 해도 제대로 전달되지 않으면 상대방은 좋게 받아들이지 못한다. 반대의 상황도 마찬가지다. 상대방이 좋은 의도로 한 말이 당신에게 좋게 받아들여지지 않는다면 제대로 전달되었다고 할 수 없다.

그러나 말의 전달은 쉬운 일이 아니다. 말이 잘 전달되기 위해서는 고려해야 할 것이 많다. 목소리 억양부터 말의 순서, 적절한 단어의 사용, 말투, 말할 때의 주변 환경까지 잘 맞아떨어져야 한다. 비언어적 요소도 고려해야 한다. 말할 때의 눈빛, 표정, 태도, 몸짓 등 모든 것이 중요하다. 말하는 사람은 물론 듣는 사람도 들을 준비가 되어 있어야 한다. 한 끗 차이로 상대방의 기분을 좌우할 수도 있고, 잘하고 있는 대화가 갑자기 안 풀릴 수도 있다.

경청, 공감, 전달. 대화에서 가장 중요한 3가지를 샅샅이 뜯어보면 대화를 어렵게 만드는 요소가 얼마나 많은지 알 수 있다. 집중력과 인내가 필요하고, 진심을 다해야 하고, 기술이 필요하다. 대화가 안 된다고 속상해하지 말자. 노력도 안 하고 대화가 잘되기를 바라지 말라. 좋은 대화를 하고 싶다면 노력하는 것이 당연하다. 어쩌면 노력해도 노력에 비해 결과가 미미할 때가 훨씬 많을지도 모른다. 노력해도 소용없다고 좌절할 때도 있을지 모른다. 그러나 꾸준히 천천히 분명히 조금씩 개선될 것이다. 쉽게 얻어지는 것은 아무것도 없다는 것을 기억하자.

“3”

말투도 공감도 배우고 연습해야 잘한다

수많은 책과 세미나, 직장의 교육 등에서 소통을 강조한다. 대부분의 사람들은 어떤 인간관계든 소통이 중요하다는 것을 잘 알고 있다. 소통이 잘되려면 말도 잘해야 하고 경청도 잘해야 한다는 것도 알고 있다. 그러나 우리는 학교에서 국영수를 배우는 만큼 말하기와 경청에 대해서는 배우지 못했다. 그 중요성을 인지하는 것에 비해 배울 기회는 그동안 크게 없었다. 다 크고 나서야 인간관계에서 소통이 얼마나 중요한지 깨닫는다.

소통에는 크게 세 가지 분야가 있다. 말하기와 듣기. 그리고 비언어적 행동이다. 말하기에는 말투부터 뉘앙스, 말의 순서, 타이밍 등이 포함되고, 듣기에는 공감과 능동적 경청이 있다. 비언어적 행동은 대화를 하는 자세, 태도 같은 것을 말한다. 소통을 잘하기 위해서는 배워야 할 것이 많다. 한 가지만 제대로 바꿔도 소통하는 데 큰 발전이 있다. 그러나 진정한 소통의 변화를 위해서는 세 가지 분야를 모두 갈고닦아야 한다.

평소에 사용하던 소통 습관을 하루아침에 바꾸기란 결코 쉬운 일이 아니다. 살면서 나름의 방식으로 말투를 바꿔보려 노력했을지도 모른다. 공감을 잘해주려고 애썼을지도 모른다. 그러다가 '내가 이렇게까지 말했는데 왜 대화가 안 되지?' 혹은 '내가 이렇게까지 들어줬는데 돌아오는 건 이것뿐인가?'라는 생각에 실망했을 수도 있다. 그렇다고 해도 노력하는 것을 포기하지 말자. 새로운 습관을 들이기 위해 노력하는 자신을 끊임없이 칭찬해주자.

말하기와 경청도 외국어처럼 연습해야 한다. 호주에서 진행된 한 연구에서는 능동적인 듣기는 의식적인 활동이기 때문에 따로 배울 필요가 있다고 한다. 즉, 스스로 듣기를 배우는 중이라고 의식해야만 듣는 능력도 향상될 수 있다는 것이다. 공감도 받아본 사람이 잘 공감해줄 수 있다. 무엇이든 처음부터 잘하는 사람은 없다. 처음부터 잘하려고 하는 것은 욕심이다. 이미 습관으로 굳어져 처음에는 어색하게 느껴질지 모른다. 의식적으로 연습하다 보면 어느 순간 익숙해진다. 우리의 뇌는 생각과 경험을 통해 끊임없이 구조를 바꾸며 변화하기 때문이다. 연습을 통해 충분히 잘할 수 있다.

말투와 공감을 배우는 첫 번째 단계는 자신의 부족함을 인정하는 것이다. 코넬대학교 교수이자 사회심리학자인 데이비드 더닝은 오랜 연구 끝에 이렇게 말했다. "사람들은 자신들의 사회적 능력과 지적 능력에 대해 과도하게 우호적인 관점을 취하는 경향이 있다." 이 말은 우리가 자신의 대화 능력을 실제보다 더 높게 평가하는 경향이 있다는 것이다. 말을 잘한다고 잘 듣는 것은 아니다. 지적일수록 오히려 상대의 말에 귀 기울이지 않는다. 자신의 부족함을 인정하는 사람만이 발전할 수 있다. 인간은 완벽하게 불완전한 존재이다. "지금까지 내가 옳다고 우겼는데, 지금 보니 내가 틀린 부분이 있네. 내가 잘못 알고 있었어."라고 솔직하게 말할 줄 알아야 한다.

자신의 부족함과 마주하는 일은 누구에게나 어렵다. 자신의 결함을 인정하는 것은 큰 용기와 그릇이 필요한 일이다. 부족함을 인정하는 일은 그릇이 커야만 할 수 있다. 부족한 자신을 인정할 수 있는 내면의 그릇을 키워야 한다. 짧은 시간 기술적인 훈련으로 소통 기술을 연습할 수도 있다. 그러나 그것은 일시적인 처방이다. 근본적으로 바뀌려면 자신의 내면을 먼저 살펴야 한다. 내면을 갈고닦은 후에 밖으로 드러나는 소통 기술들을 개선시켜야 한다. 그리고 충분히 체화될 때까지 노력해야 한다.

좋은 대화를 하려면 끊임없는 배려를 연습해야 한다. 대화는 배려의 연속이다. 그러나 배려가 담긴 태도를 유지하는 것은 생각보다 쉽지 않다. 당신의 기준에서 주고 싶은 배려가 아니라 상대가 배려를 받았다고 느껴야 하기 때문이다. 당신이 주고 싶은 배려가 상대가 원하던 것이라면 금상첨화다. 그러나 세상은 모든 상황이 그렇게 퍼즐처럼 맞춰지지 않는다. 당신은 배려라고 생각했는데 상대는 아니라고 느낄 수도 있고, 오히려 별생각 없이 한 행동을 배려라고 느낄 수도 있다. 배려 하나 없는 대화도 독으로 돌아오지만, 상대를 배려하느라 스스로를 너무 억압해서도 안 된다. 그 중간점을 찾아 균형을 맞추는 연습이 필요하다.

심리 상담사들은 상담을 통해 해결책을 제공하지 않는다. 그저 충분히 배려하며 공감해주는 경우가 많다. 실제로 심리 상담에서는 반영기법을 많이 쓴다. 반영기법은 흔히 사용되는 공감기법으로 말이나 행동의 이면에 있는 마음을 읽어주는 것이다. 상담사들은 일반인처럼 두리뭉실하게 "네 마음 알 것 같아."라고 공감하지 않는다. 그들은 "동료 때문에 억울함을 느끼셨겠군요.", "동생이 그랬다니 섭섭했겠네요."라며 구체적인 마음을 이야기한다. 그것이 틀렸다 해도 다시 이야기를 하며 내담자의 마음이 어떤 상태인지 조율해나간다. 그랬을 때 내담자는 세심히 공감받는다고 느낀다.

공감도 배려의 연장선이다. 공감이 누구를 위한 것인지 생각하면 쉽다. 자기만족을 위해서 공감을 하는가? 아니면 상대를 위한 공감을 해주는가? 공감은 상대가 공감의 느낌을 받아야만 완성된다. 자신의 방식으로 "이해해.", "네 마음 알 것 같아." 해 봤자 상대가 느끼지 못하면 아무 소용없다. 상대방이 받아들일 수 있는 방식으로 공감을 전달하는 것이 중요하다. 상대가 어떤 마음인지 이해하려는 노력이 필요하고 그것을 충분히 표현해야 한다. 상대가 어떤 타이밍에, 어떤 말에 공감받는지 알아야 한다. 언어와 행동을 통해 확인시켜주지 않으면 이심전심으로 전해지지 않는다.

공감을 연습할 때는 상대방을 평가하지 않도록 주의해야

한다. 사람이라면 누구나 사랑받고 싶어 하고 인정받고 싶어 하는 욕구가 있다. 이것을 염두에 두고 공감해야 한다. 공감은 분석이나 평가가 아니다. 상대방 이야기의 옳고 그름보다 그 안의 감정과 욕구에 주목해야 한다. 그 이야기의 흐름을 잘 따라가면서 더 자세히 알고 싶다며 공감을 전달해야 한다. 사람들은 자신의 이야기 흐름을 잘 따라올 때 자신의 말을 들어준다고 느끼고 공감받는다고 느낀다. 조언이나 충고가 필요하다면 충분한 공감 후에 하는 것이 좋다. 충분한 공감 연습은 대화의 과정을 따뜻하게 만든다.

말하기에서의 배려는 알아듣기 쉽게 말하는 것이다. 자신이 편한 대로만 말하는 것이 아니라 상대방이 알아듣기 쉽게 말하는 것을 연습해야 한다. 감정표현이든, 업무 보고든, 단순 내용 전달이든, 요구사항이든 간에 알아듣기 쉽게 말해야 한다. 알아듣기 쉬운 말이란 상대가 이해하기 쉬운 말이고 상대에 대한 존중이 담긴 말이다. 말하기는 컴퓨터의 [ctrl+z]처럼 실행 취소 버튼이 없다. 취소할 수 없기 때문에 한 마디, 한 마디를 신중히 내뱉어야 한다. 잘못 나온 말을 다르게 표현하면 배려가 부족했다는 뜻이다.

간단한 인사말이나 칭찬도 연습하면 좋다. 사람들은 자신을 존중해주는 사람에게 호감을 느낀다. 밝은 인사와 칭찬은 존중받는 느낌을 줄 수 있는 가장 간단한 도구이다. 만약 당신이 인사하는 것에 인색하다면 인사하는 것부터 연습해보자. 편의점 알바생에게, 택시 기사에게, 식당 주인에게 "안녕하세요.", "감사합니다."라고 웃으며 인사해보자. 어느새 어디를 가나 입에 밴 인사말이 될 것이다. 칭찬이 아부나 가식처럼 느껴진다면 진심을 다해 칭찬할 점을 찾는 것을 연습해보자. 누구나 장점을 가지고 있기 마련이다. 진짜 칭찬할 점을 찾았다면 그 순간부터 아부나 가식이 아닌 진짜 칭찬이 된다. 그리고 그 칭찬이 진심 어린 칭찬으로 들리도록 포장하는 방법도 연습해보자. 마음은 진짜라도 상대가 영혼 없는 칭찬처럼 받아들였다면 진짜 칭찬이 아니다. 진심을 표현하는 방법도 연습해야 하는 부분이다.

연습의 과정은 결코 간단하지 않을 것이다. 어쩌면 평생이 연습의 연속일 수도 있다. 연습하면서 수많은 실수를 범할 것이다. 오히려 실수를 해야 한다. 실수를 안 하는 사람은 없다. 실수를 통해 얻는 배움이 더 깊이 남는다. 발전하는 사람은 실수를 배움의 기회로 삼는 사람이다. 문제를 해결하려는 사람에게 지혜가 생긴다. 문제를 회피하는 사람에게는 지혜가 생기지 않는다. 선택은 본인의 몫이다. 소통의 연습은 당신의 그릇을 넓히고 인간관계를 좋게 하며 나아가 인생까지 바꿀 수 있다.

“4”

가장 쉽게 바꿀 수 있는 것이 나와 나의 말투다

부부는 서로의 안 좋은 면을 바꾸고 싶어 한다. 부모는 자식의 안 좋은 습관을 바꾸고 싶어 한다. 자식은 부모의 잔소리를 바꾸고 싶어 한다. 당신은 까칠한 친구의 태도를 바꾸고 싶어 한다. 상사의 권위적인 태도를 바꾸고 싶어 한다. 어쩌면 마땅히 바뀌어야 하는 부분일 수도 있다. 상대방의 잘못을 인지시켜주고 싶고, 개선시키고 싶어 한다. 그래야 당신이 편하기 때문이다. 내가 잘못한 것보다는 상대방이 잘못한 게 더 크게 보인다. 그러나 이런 의견들을 생각나는 대로 말하다간 갈등만 심화될 것이다. 살면서 처하는 갖가지 불편한 상황들 속에서 당신은 스스로를 변화시키려 하는가? 아니면 남을 변화시키려 하는가?

미국 도서 시장에서 일어난 흥미로운 이야기가 있다. 출판사에서 책을 출판할 당시에 '30일 만에 당신의 인생을 변화시키는 방법How to change Your Life in 30 Days'이라는 제목을 실수로 '30일 만에 당신의 아내를 변화시키는 방법How to change Your Wife in 30 Days'으로 잘못 표기해 출판한 적이 있었다. 놀라운 점은 '아내'를 변화시킨다는 제목으로 출판했을 때는 일주일 만에 20만 권이 팔렸는데, '당신의 인생'이라고 수정하자 한 달 동안 두 권밖에 팔리지 않았던 것이다. 사람들은 자신을 바꾸는 것보다 남이 바뀌길 원한다는 것을 여과 없이 보여주는 이야기이다.

소통 관련 교육을 하는 사람이 언젠가 한 이야기도 있다. 그는 수강생들이 항상 이런 질문을 한다고 한다. "상대가 말을 끊임없이 계속하면 어떻게 하나요?", "상대가 했던 말을 계속 반복하면 어떻게 하죠?", "상대가 아무 대답 안 할 때는 어떻게 하죠?" 그러나 이런 질문은 하지 않는다고 한다. "저는 항상 다른 사람 말을 자르고 끼어듭니다. 이런 습관을 어떻게 고치죠?", "저는 상대가 말을 할 때 잘 집중하지 않습니다. 이런 태도를 어떻게 바꾸죠?" 사람들은 대화가 안 좋게 끝났을 때 자주 다른 사람 탓을 한다. 어색한 대화는 상대가 말주변이 없거나 불편하게 해서이고, 답답한 대화는 상대가 말귀를 잘 못 알아먹어서이다. 재미없는 대화는 상대가 유머 감각이 없거나 당신의 유머를 알아채지 못해서이다.

사람들은 자신보다 남이 바뀌길 원한다. 그게 훨씬 편하다. 그러나 매우 어렵다. 반대로 한번 생각해보자. 누군가 당신의 성격, 의견, 습관을 끊임없이 바꾸려고 애쓴다. 당신이 살아오면서 쌓아온 가치관과 다른 방향에서 당신의 가치관을 바꾸려 하고 선택과 욕구를 제한한다. 아무리 부모 자식 간, 사랑하는 사이라도 평화로운 관계를 지속하기 힘들 것이다. 처한 상황이 바뀌길 원할 수도 있다. 그러나 이것도 매우 어렵다. 아무리 좋은 환경이 되어도 안 좋은 상황은 또 나타난다. 우리는 만능 신이 아니기 때문에 모두가 살아가는 세상을 당신만 원하는 대로 바꾸기는 더더욱 불가능이다.

당신은 다른 사람의 삶을 통제할 수 없다. 당신이 살아가는 세상을 통제할 수는 더더욱 없다. 당신이 통제할 수 있는 것은 오로지 당신뿐이다. 상대를 바꾸는 것보다 스스로가 바뀌는 것이 쉽다. 세상을 바꾸는 것보다 그 세상에서 당신이 할 수 있는 일을 찾는 것이 쉽다. 그것은 충분히 가능하다. 놀라운 것은 당신이 바뀌면 상대도 바뀌고 세상도 바뀐다. 마법처럼. 스스로 바뀌는 것만으로도 충분하다.

물론 그럼에도 당신을 바꾸는 것은 여전히 어려운 일이다. 스스로를 바꾸는 일이 쉬웠다면 누구나 금연에 성공할 것이고, 다이어트에 성공했을 것이다. 연말이면 목표한 신년 계획을 모두 이루었을 것이고, 놀고 싶은 욕구를 참고 공부에 매진할 수 있었을 것이다. 그러나 많은 사람들이 스스로를 바꾸는 일에 실패한다. 그럼에도 불구하고 당신이 할 수 있는 가장 쉬운 일은 당신을 바꾸는 것이다. 당신은 당신이 원하는 대로 통제할 수 있는 가장 쉬운 존재이기 때문이다.

"당신 주변 사람 5명의 평균이 바로 당신의 수준"이라는 말을 들어본 적이 있는가? 미국 경영학도들의 전설적인 강사 짐론Jim Rohn의 명언이다. 그는 인생의 90% 이상이 주위 사람의 수준으로 결정된다고 한다. 상황을 바꾸려면 스스로를 먼저 바꿔야 하고 그다음 환경을 바꿔야 한다. 당신이 먼저 바뀌지 않으면 아무리 좋은 환경에 있어도 인생이 바뀔 수 없다. 결국 가장 먼저 바뀌어야 하는 것은 당신이다.

어떻게 자신을 바꿀 수 있을까? 정답은 습관이다. 누구나 지금보다 더 나은 삶을 원한다. "현재까지의 습관들을 새로운 습관으로 채워나가야 삶이 변화할 수 있다."라는 말은 참 쉽다. 그러나 대부분의 사람들이 습관을 바꾸고자 하지만 번번이 원래 습관으로 돌아온다. 그리고 자책한다. 항상 하던 습관의 관성 때문에 갑자기 방향을 바꾸는 것은 쉽지 않다. 크고 작은 반복된 실패로 앞으로도 실패할 것이라고 생각하지 말자. 그것은 학습된 무기력에 갇히는 일이다.

학습된 무기력의 가장 대표적인 일화는 서커스단의 코끼리이다. 공연을 위해 어린 코끼리를 키울 때 다리에 쇠사슬을 채우고 튼튼한 말뚝에 묶어놓는다. 어린 코끼리는 처음에는 격렬하게 저항하지만, 시간이 흐르면 자신의 처지에 순응하고 저항하지 않는다. 그 시간 동안 "무슨 짓을 해도 줄을 끊을 수 없다."라고 코끼리의 무의식에 각인된다. 세월이 흘러 커다란 성체가 된 코끼리는 부실한 줄과 말뚝으로 묶어놔도 도망가지 못한다. 학습된 무기력에 갇히면 나쁜 습관에서 벗어날 수 없다.

사실 코끼리 사례는 낭설이다. 코끼리는 상당히 고지능 생물이다. 일부 연구 결과에서 코끼리는 자신이 성장하고 있다는 것을 인지하고 있고, 성장한 다음에는 지금보다 할 수 있는 일이 많아진다는 기대까지 할 수 있는 동물이라고 한다. "이게 내 최선이야. 최선을 다해도 안 돼."라는 말은 실패로 가는 가장 효과적인 주문이다. 번번한 실패로 현재의 습관을 바꾸는 것이 힘들다면 현재를 알아차리고 멈추는 것부터 시작하자. 코끼리보다 고지능인 인간은 무의식에 각인된 말뚝을 더 빨리 알아차릴 수 있다.

다행히 바꾸는 것보다 알아차리는 것은 더 쉽다. 주체 없이 굴러가는 바퀴를 원하는 방향으로 바꾸기 위해서는 일단 바퀴를 멈춰야 한다. 멈춰서 올바른 방향을 향해 조준해야 한다. 먼저 지금의 습관을 멈춰보자. “멈춘다.”라는 말은 “알아차린다.”라는 말과 같다. 현재 당신을 묶고 있는 말뚝이 부실한 것임을 알아차리고 당신은 점점 성장하는 사람이라는 것을 알아차려야 한다. 당신이 충분히 변화할 수 있는 사람이라는 것을 알아차려야 한다.

알아차리는 기술은 지금의 습관을 알아차리는 것을 포함해 행위, 감정, 생각을 있는 그대로 알아차리는 것을 말한다. 알아차림을 통해 멈출 수 있고 자신을 관찰자의 관점에서 다시 볼 수 있다. 가령 경청하는 습관을 들이기로 결심했다고 해 보자. 경청 습관을 들이기 전에 당신은 인간이 남의 말을 듣는 것보다 자신의 생각을 표출하고자 하는 욕구가 있다는 것을 먼저 알아차려야 한다. 그 욕구가 당신에게도 있다는 것을 알고 있어야 한다. 그것이 대화 도중에 당신에게서 발현되려 할 때 인지해야 한다. 마지막으로 당신은 그 욕구를 조절할 수 있다는 것을 알아차려야 한다. 알아차려야 멈출 수 있다. 멈춰야 바꿀 수 있다.

창업한 지 얼마 되지 않아 몇 년 만에 4,000억이 넘는 매출을 올렸던 신생기업이 있었다. 이 기업의 성공 비결은 단 하나였다. 매일매일 하나의 문제를 해결하는 것. 이 엄청난 성장세를 만든 기업의 대표는 창업 후부터 지금까지 하루에 하나씩 성장해나가는 태도를 유지해왔다. '매일매일' 무언가를 한다는 것은 어렵다. 그러나 하루에 하나씩은 간단해 보이지 않는가? 매일매일은 쉽지 않지만, 하루에 하나씩은 생각보다 간단하다.

누군가는 매일을 똑같은 날로 여기며 지겹게 살아가고, 누군가는 매일을 새로운 날로 여겨 끊임없이 도전하며 살아간다. 당신을 가두고 있는 틀을, 마음가짐을 알아차려야 한다. 지금의 당신을 바꾼다면 미래의 당신도 바뀐다. 지금 당신이 어떤 마음가짐과 행동을 하느냐에 따라 곧 당신의 인생이 바뀐다. 큰 욕심을 부려 많은 것을 한 번에 바꾸려고 하지 말자. 한 번에 하나씩, 하루에 하나씩만 바꿔보자. 하루에 1도씩만 방향을 틀어보자. 당신의 작은 변화가 모든 것을 변화시킨다.

“5”

부자와 행복한 사람의 말투를 따라 하면 그처럼 된다

인터넷, TV, 주변의 성공한 사람들을 보고 무슨 생각을 하는가? 나만 빼고 다들 성공하는 것 같고, 행복한 것 같아 부러운 마음이 들지는 않는가? 누구나 성공하고 행복한 사람이 되기를 원한다. 돈도 많이 벌고 싶어 한다. 넉넉한 부모를 만나 태어날 때부터 돈이 많은 경우를 제외하고, 여기서는 자수성가로 성공했거나 행복한 정신적 여유를 가진 사람을 부자라 칭하겠다. 이런 부자들은 공통적으로 가진 마음가짐, 말투가 있다. 오죽하면 스티븐 코비의 『성공한 사람들의 7가지 습관』처럼 성공한 사람들이나 행복에 관한 여러 습관들, 공통점을 알려주는 책들이 많겠는가? 그들은 어떤 마음가짐으로 어떤 말투를 쓸까? 그들과 당신의 차이는 무엇일까?

환경과 조건이 좋으면 부자가 되기 쉬울까? 아무래도 좋은 환경에 있으면 좋은 영향을 더 받기 쉬울 것이다. 그러나 환경과 조건은 부가적인 요소이다. 가장 중요한 것은 그것을 받아들이는 마음가짐이다. 배우고자 하는 마음이 없으면 주변에 아무리 훌륭한 사람이 많다고 해도 얻는 것이 하나도 없다. 그러나 성장하고자 하는 마음이 있으면 단칸방에 혼자 남겨져도 어떻게든 성장의 기회를 만든다. 지금 당신이 처한 환경을 탓하지 말자. 당신이 좋은 환경에 있다면 그것에 감사하고, 그렇지 않다면 '그럼에도 불구하고' 당신은 부자가 될 수 있다. 그것은 당신이 어떻게 생각하느냐에 달려있다.

20세기 사회학자 윌리엄 토마스William Thomas로부터 기원한 '자기 충족적 예언'이라는 것이 있다. 이 이론은 "말이 씨가 된다."는 의미와 일맥상통한다. 어떤 상황에 대해 속으로 그것이 진짜라고 생각하면, 결국 그 상황이 실제가 된다는 것이다. 예를 들어, 좋아하는 이성 앞에서 '실수하면 어떡하지'라고 걱정하면, 실제로 실수할 확률이 높아진다. 또한 불면증이 걱정되어 '오늘도 잠이 안 오면 어떡하지'라고 생각하면, 그 걱정으로 자율신경계가 자극되어 실제로도 잠이 오지 않는 현상이 되풀이된다. 사람은 참 신비한 동물이라, 객관적인 상황에 대해 반응하기보다는 본인만의 관점으로 반응한다. 이렇게 왜곡된 관점이 쌓이고 그에 따라 행동하다 보면 자신이 보는 관점으로 현실이 전개된다.

이 이론은 부정적인 효과도 낳지만, 긍정적인 효과도 낳는다. 러시아 리우 올림픽에서 대한민국 펜싱 선수 박상영 선수의 유명한 일화가 있다. 박상영 선수는 당시 결승에서 헝가리 최고령 메달리스트의 노련한 기술에 다소 밀리는 모습을 보이고 있었다. 10:14의 꽤 큰 점수 차로 마지막 라운드를 앞두고 있었고 한 번만 실점해도 바로 패해버리는 순간이었다. 이때, 박상영 선수의 혼잣말이 카메라에 잡혔다. "할 수 있다. 할 수 있어." 그 후로 박상영 선수는 연달아 5점을 득점하며 역대 올림픽 펜싱 에페 남성 부문에서 동양인 최초로 금메달을 딴 사례가 되었다. 이 모습은 크게 화제가 되었다. 누가 봐도 패배가 예상되었던 승부를 역전승으로 끝내게 한 그의 중얼거

림은 이후 광고 문구로도 많이 쓰이게 되었다. 할 수 있다고 생각하면 진짜 할 수 있게 된다.

모든 사람에게 공평하게 주어진 것이 있다. 바로 시간이다. 행복하든 불행하든 돈이 많든 가난하든 모두에게 하루는 24시간이다. 이 시간을 어떻게 활용하느냐, 어떤 생각을 가지고 살아가느냐에 따라 우리의 인생은 달라진다. 어떤 마음가짐을 가지고 있느냐에 따라 당신이 마음먹은 대로 미래는 바뀐다. 부자가 된 사람들은 어떤 마음가짐으로, 어떤 말들을 써왔을까? 그들이 생각하는 대로, 그들이 쓰는 말들을 흉내 내다 보면 어느새 당신도 당신이 그리던 모습이 되어 있을 것이다.

살면서 다른 사람들과 소통을 안 하고 살 순 없다. 가족, 친구, 직장 동료는 물론이고 온라인에서도 많은 사람들과 소통하며 지낸다. 소통을 빼고는 성공이나 행복을 이야기할 수 없다. 부자들은 이 소통에 있어서 평범한 사람과는 다른 점을 가지고 있다. 이 차이를 알아차렸다면 이제 바꾸는 일만 남았다. 그 여정은 쉽지 않겠지만 충분히 가능하다.

부자가 된 사람들의 가장 큰 공통점은 "호감"이다. 호감은 성공을 위해서라면 꼭 필요한 열쇠이다. 앞서 말했듯이 세상은 인간들이 어우러져 소통을 하며 살아가는 공간이다. 당신의 일상을 생각해보자. 당신은 맘에 드는 사람과 맘에 들지 않는 사람 중 어떤 사람과 함께 일을 하고 싶은가? 어떤 사람의 물건을 사겠는가? 어떤 사람을 도와주고 싶겠는가? 선천적으로 타고난 외모를 가진 사람들은 상대적으로 호감을 얻기 쉽다. 그러나 그것이 다가 아니다. 그들에게서 풍기는 인격, 눈빛, 여유, 말투, 배려들이 사람의 호감을 좌우한다. 호감을 얻는다는 것은 인간 세상에서 성공으로 가는 첫 번째 단계이다.

미국의 심리학자들이 부자와 평범한 사람들의 생각의 차이는 무엇인지 알아보기 위한 조사를 했다. 그들은 사람들에게 "당신은 지금 무슨 생각을 하고 있습니까?"라고 물었다. 그 결과 소득 기준별로 많이 하는 생각에는 공통점이 있었다. 평범한 사람들은 "과거에 내가 ~했다면 지금 어떻게 되었을까?", "그때 이렇게 했어야 했는데…."라는 생각을 많이 했다. 그러나 상위 1% 사람들은 "어떻게 하면 이것을 바꿀 수 있을까?", "어떻게 하면 내가 원하는 대로 될까?"라는 생각을 많이 했다.

인생을 당신이 원하는 대로 바꾸고 싶다면 "어떻게 하면"이라는 말로 생각을 시작해보자.

부정적인 사람과 긍정적인 사람. 어떤 사람이 성공할까? 어떤 사람과 더 이야기하고 싶을까? 대부분의 사람들은 후자를 택할 것이다. 그리고 부자들 중에서도 비관론자보다 낙관론자가 더 많다. 같은 경험을 해도 재미있던 점을 기억하는 사람이 있고, 불만스러운 점만 기억하는 사람이 있다. 행복해지고 싶고 부자가 되고 싶다면 긍정적으로 받아들이는 습관을 길러야 한다. 긍정적으로 생각하면 모든 일이 즐겁고, 어려운 일도 배움의 기회로 받아들일 수 있다. 그러나 항상 긍정적으로 생각하는 것이 쉽지 않다. 자기도 모르게 부정적으로 생각하게 되고 약한 소리를 하게 된다. 자신이 부정적인 말을 했다고 깨달으면 마지막 말만 슬쩍 고쳐보자. "'너무 힘들다…'고 생각했지만 이겨낼 수 있어!", "'출근하기 싫다…'고 생각했지만 오늘도 파이팅하자!"

행복해서 웃는 게 아니라, 웃어서 행복하다는 말이 있다. 당신에게 행복하냐고 물었을 때 당신은 뭐라고 답할 것인가? 망설임 없이 행복하다고 말할 수 있는가? 행복하다고 말하기에 망설임이 느껴졌다면, 한 번도 행복한 적이 없다고 느껴졌다면 어쩌면 당신은 행복을 너무 어렵게 생각하고 있는 것일지도 모른다. 가수이자 배우인 아이유(이지은)가 행복하냐는 질문에 이런 대답을 했다. "'무표정한 행복'도 있는 거라고 생각해요. 슬픈 일이 없고 나를 화나게 하는 일이 없으면 그 상태는 '행복'이라고 봐요." 비싸고 좋은 선물을 받을 때처럼, 좋아하는 사람과 데이트를 하게 되었을 때처럼, 아이가 건강하게 세상에 나왔을 때처럼 벅찬 행복도 있지만 소소한 하루가 지나갔음에 만족하는 조용한 행복도 있다. 실제로 행복한 부자들은 작은 일에도 행복을 더 많이 느낀다. 당신은 최근 일주일 동안 얼마나 행복을 느꼈는가? 크게 생각나는 것이 없어도 "행복하다"고 말해보자. 미처 눈치채지 못했던 것들이 행복하게 느껴질 것이다. 행복은 당신이 스스로에게 주는 선물이다.

부자는 특별하지 않다. 『부자의 자세』라는 책에서 "부자가 되고 싶다면 부자인 것처럼 행동하라."라고 한다. 처음엔 흉내지만 점점 체화되어 자신의 것이 되면 진짜 부자가 될 수 있다고 이야기한다. 롤모델을 정해 그들의 명언을 좌우명으로 삼아보자. 좋아하는 저자의 책 구절이나 드라마 명대사도 좋다. 그리고 그들처럼 생각해보자. 물론 명언 한두 줄 읊었다고 그 말이 습관화되지 않을 것이다. 책 한두 권 읽었다고 책에서 말한 대로 되지 않을 것이다. 그러나 끊임없는 반복과 실천이 계속된다면 언젠가 그들처럼 되어 있을 것이다.

2장

호감 가는
사람의 말투

“1”

인사만 잘해도 인생이 바뀐다

인사는 사람 인人과 일 사事로 안부를 묻거나 인간관계에서 지켜야 하는 예의, 사람이 해야 할 일 등으로 풀이된다. 그렇기에 인사는 인간관계 만남의 시작과 끝이다. 인간관계는 “안녕하세요. 만나서 반갑습니다.”로 시작해 “조심히 들어가세요.”로 끝이 난다. 따라서 인사만 잘해도 자신의 평판을 바꿀 수 있고 원만한 인간관계를 유지할 수 있다. 인사는 어색한 만남을 부드럽게 풀어주는 마중물 같은 역할을 한다. 사람들은 인사를 통해 친밀감이 상승한다. 어떤 인사말을 주로 쓰느냐에 따라 그 사람의 이미지가 달라진다. 가벼운 인사말 한두 마디가 주는 영향력은 엄청나다.

- 밝은 인사 vs 힘없는 인사

A 안녕하세요? 주말 잘 보내셨어요?^^

B 네^^ A씨도 주말 잘 보내셨나요?

C 안녕하세요…

D 아 네, 안녕하세요.

사회초년생 A와 C는 얼마 전 입사한 회사에 적응하기 위해 고군분투 중이다. 둘은 같은 시기에 입사한 동기이고 같은 사무실에서 근무하지만, 사내 평판은 정반대이다. A는 긍정적이며 예의 바르고 일도 잘하는 사람으로 인식됐지만, C는 직장 내에서 큰 존재감이 없다. 입사 시기는 같은데, 이 둘의 차이는 뭘까? 바로 인사다. A는 출근할 때 사무실을 들어가며 주변 사람들에게 웃으며 인사한다. C는 낯가림이 있어 눈이 마주치는 사람에게만 조용히 꾸벅 인사한다. 그마저도 최대한 눈을 마주치지 않으려 한다.

자신에게 밝게 웃으며 인사해주는 것을 싫어하는 사람은 없다. 인사를 주고받는다는 것은 자신의 존재를 존중한다는 의미가 숨어있기 때문이다. 식당 같은 새로운 장소를 갔을 때를 생각해보면 쉽다. 반갑게 웃으며 "어서 오세요, 몇 분이신가요?"를 묻는 식당과 멀뚱멀뚱 쳐다만 보고 있는 식당. 어느 곳이 더 존중받는 느낌이 드는가? A의 인사는 C보다 더 존중받는 느낌을 준다. 웃는 표정까지 더해 A는 긍정적이고 예의 바른 사람으로 보인다. 특히 만난 지 얼마 되지 않은 사이에서 밝은 인사는 그의 첫인상을 결정하는 큰 역할을 한다.

인사를 할 때는 밝게 인사하는 것이 좋다. 명랑함을 풍기며 인사를 해야 한다. 명랑함은 긍정적인 에너지이고, 긍정적인 에너지를 풍기는 사람은 좋은 인상을 남긴다. 밝은 웃음은 호감으로 다가온다. 같은 행동을 해도 호감 있는 사람에게 더 신뢰가 가고 긍정적으로 보인다. 게다가 생각보다 주변에 밝게 인사하는 사람은 드물다. 많은 사람이 인사를 하지만 그중 밝은 인사를 건네는 사람은 몇 명이나 될까. 이것은 당신에게 큰 기회다. 당신이 밝게만 인사하면 금방 호감 가는 사람으로 기억에 남을 수 있다.

- 어색해도 먼저 인사하기

인사를 해야 할지 말아야 할지 고민되는 순간들도 있다. 인사하기 애매한 거리에 있을 때 혹은 인사하기 애매한 관계의 사람들도 있다. 대표적인 예로 누군지는 알아도 서로 일면식은 없는 사이나 당신 혼자만 아는 사이인 경우가 그렇다. A와 C가 각각 화장실에서 누군지는 알지만 일면식은 없는 사람을 마주쳤다고 가정해보자. 이런 상황에서 A와 C는 다르게 반응한다. A는 미소를 띤 가벼운 목례와 인사를 한다. 그러나 C는 괜한 어색함에 인사를 해야 하나 말아야 하나 고민하며 못 본 척 지나간다. A와 C를 마주친 사람들은 A에게 더 친밀감을 느낄 수밖에 없다.

인사를 할까 말까 고민되는 순간들이 있다. "저 사람이 인사하면 나도 해야지." 하며 상대방의 인사를 기다리고 있을 수도 있다. 기다리지 말고 먼저 다가가 인사를 해 보자. 인사는 해서 손해될 것이 아무것도 없다. 어쩌면 상대도 망설이고 있었을지도 모른다. 그런 사람에게 먼저 인사를 해주면 고마운 마음도 든다. 인사는 어색함을 깨는 첫 번째 도구이다. 2012년 서울 노원구청에서 인사지수를 측정한 일이 있었다. 인사지수는 설문조사와 현장실사로 측정되었는데 10명 중 7명 가까이(68%)가 인사에 익숙하지 않다고 했다. 가장 큰 이유는 '먼저 인사하기가 쑥스러워서'(40%)이다. 먼저 인사하는 것이 익숙하지 않기 때문에 쑥스러운 것이다. 인사하는 것에 익숙해지면 쑥스럽지 않을 것이다.

- 인사하는 법

밝게 인사하는 법은 어렵지 않다. 단지 몸에 익지 않아 어색하게 느껴질 뿐이다. 속으로 당신은 긍정적이고 밝은 사람이라고 속삭이자. 열 번 정도 되뇐 후 자연스러운 눈웃음과 미소를 지어보자. 그리고 준비한 인사말을 내뱉으며 연습해본다. 편의점을 갈 때나, 식당을 갈 때나, 엘리베이터를 탈 때 마주치는 사람마다 가벼운 인사말을 건네며 연습해보자. 밝은 인사는 금세 당신의 습관이 되어 절로 나오게 될 것이다.

인사를 잘하기 위해서는 3가지를 잘해야 한다. 첫 번째는 표정이다. 인사하는 순간 자연스럽게 나오는 밝은 미소는 상대방의 기분을 좋게 한다. 어두운 표정과 힘없는 말투는 억지로 혹은 겉치레로 인사하는 느낌을 준다. 두 번째는 눈 맞춤이다. 눈을 마주치며 인사해야 '나에게 인사하는구나.', '나를 맞이해주는구나.'라는 느낌을 받는다. 마지막은 상황 파악이다. 상황에 맞게 인사해야 한다. 친구에게 인사할 때와 직장에서 만난 사람에게 인사할 때는 달라야 한다. 또한 장소에 따라서도 달라야 한다.

○ 친구와 인사: 반갑게 손을 흔들며 인사한다.

- "안녕! 잘 지냈어? 오랜만에 보니까 엄청 반갑다."

○ 직장 상사와 인사: 허리를 숙이며 미소와 함께 정중하게 인사한다.

- "안녕하세요.", "감사합니다.", "고생하셨습니다.", "조심히 들어가세요."

○ 비즈니스 미팅에서의 인사: 미소를 띠며 가볍게 허리를 숙여 인사한다. 허리를 펴면서 악수를 청한다.

- "안녕하세요. (악수를 청하며) 만나 뵙게 되어서 반갑습니다."

○ 인사하기 애매한 곳에서 눈이 마주쳤을 때: 눈웃음과 함께 가벼운 목례를 한다.

※ 악수 예절 팁

악수를 하는 순간에는 보통 자리에서 일어나 상대와 눈을 마주치면서 해야 한다. 손은 가볍게 두세 번 정도 위아래로 흔든다. 우리나라에선 관례적으로 지위가 높거나 나이가 많은 사람이 악수를 청한다. 그러나 상황에 따라서 악수를 먼저 청할 수도 있다. 특히 서구에 비해 보수적인 우리나라의 경우, 이성 간의 악수는 망설이게 되기도 한다. 만약 당신이 여성인데 상대방의 망설임이 느껴진다면 먼저 손을 내밀어보자.

- 다양한 인사 표현법

어린 아이와 함께 밖을 나선 부모들의 공통점이 있다. 아이에게 인사를 시키는 것이다. 아이가 새로운 사람을 마주쳤을 때 부모들은 아이의 이름을 부르며 말한다. "○○아~ '안녕하세요'라고 인사해야지.", "'고맙습니다'라고 해야지." 이처럼 인사는 부모가 아이에게 가장 먼저 가르치게 되는 사회 예절 중 하나이다. 그만큼 중요하고 기본이 되는 예절이다. 인사를 통해 안부를 묻기도 하고 감사와 미안함을 표현하기도 한다. 인사는 가장 간단하게 존중을 표하는 말이기도 하다. 다양한 인사말, 그중에서도 긍정적인 인사말을 많이 알아두면 좋다. 친구나 직장에서도 인사를 많이 할수록 좋지만 가족끼리도 가벼운 인사를 많이 할수록 더 돈독해진다.

*** 상황에 따른 인사말**

평상시	안녕하세요. 만나서 반갑습니다. 잘 지내셨어요? 고맙습니다. 미안합니다.	좋은 아침입니다. 편안한 밤 되세요. 고생하셨습니다. 조심히 들어가세요. 내일 뵙겠습니다.

식사 시	맛있게 드세요. 잘 먹겠습니다.	입맛에 맞으세요?
가정에서	다녀왔습니다. / 나 왔어. 다녀오겠습니다. / 나갔다 올게.	안녕히 주무세요. 사랑해.

많은 사람들이 오랜만에 만난 사람에게 잘 지냈는지 물어본다. 잘 지냈냐고 묻는 말에 요즘 당신이 어떻게 지내고 있는지, 무슨 말을 해야 할지 깊이 고민할 필요는 없다. 잘 지냈냐는 말은 가벼운 인사말인 경우가 다반사기 때문이다. 잘 지냈냐는 질문을 받으면 웃으며 가볍게 대답하고 잘 지냈냐고 함께 물어봐 주면 된다. 이때 긍정적인 대답을 하는 것이 좋다. 긍정적인 대답은 당신을 긍정적으로 보이게 하기 때문이다. 부정적인 표현은 주의하는 게 좋다. 자칫 상대방을 무안하게 하거나 당신이 부정적인 사람으로 보일 수 있다.

* "잘 지냈어요?" / "잘 지내고 있어요?"에 대한 대답

긍정 표현	• 덕분에 잘 지내고 있어요. 잘 지내시죠? • 그럼요. 잘 지내고 있지요. • 잘 지내려고 노력 중이에요. • 열심히 지내고 있어요.
부정 표현	• 죽지 못해 살고 있어요. • 왜 이리 되는 일이 없는지 모르겠어요. • 잘 사는 걸로 보이세요? • 인생 뭐 있겠어요?

“2”

매사와 상대에 감사하면 행복해진다

진심으로 감사할 줄 아는 사람 곁에는 자연스럽게 사람들이 모인다. 감사의 긍정적인 기운에 사람들은 호감을 느낀다. 친밀감과 유대감을 느낀다. 감사는 상대방과의 관계를 더 돈독하게 한다. 감사하는 사람은 인상 깊게 남고 도와주고 싶은 마음이 든다. 고난과 시련 속에서도 감사를 아끼지 않는 사람은 더 빨리 일어날 수 있다. 고난을 이겨내고 나면 감사할 수 있는 역량도 더 커진다. 작은 감사가 쌓일수록 더 큰 감사를 불러일으킨다. 매일 똑같이 반복되는 하루에 당신이 어떤 의미를 부여하느냐에 따라 새로 감사할 것들이 생긴다. 감사의 선순환은 당신의 인간관계를 변화시키고 인생을 바꾼다.

옛날 동화들의 마지막 장을 보면 심심찮게 등장하는 문구가 있다. "그리고 오래오래 행복하게 살았답니다." 마지막 문장을 읽으며 주인공들이 항상 하하 호호 웃으며 좋은 일만 가득할 것을 상상한다. 그러나 현실은 그렇지 않다. 당신과는 생각이 다른 사람들을 만나게 되고 갈등을 겪는다. 심지어 가장 가깝고 믿었던 사람에게 실망할 수도 있다. 혹은 예상치 못했던 사건으로 당신이 가진 많은 것들을 잃을 수도 있다. 당신이 오랫동안 염원했던 것을 포기해야 하는 경우도 생긴다. 그리고 낙담하고 짜증 내며 우울해한다. 행복은 참 얻기 어려운 것이라고 느낀다. 행복은 정말 어려운 것일까?

- 감사에서 자라는 행복

“행복할 일이 있어야 행복하지.”

“참 먹고살기 힘들다.”

“나한테도 행복한 일이 좀 일어났으면 좋겠어.”

“왜 나한테만 이런 일이 일어나는 거야?”

“그때 그 집을 샀었더라면 지금쯤 행복할 텐데….”

“이번 시험만 합격하면 행복할 텐데….”

“여기만 벗어나면 행복할 텐데….”

행복은 거창한 게 아니다. 행복은 당신 손안에 있다. 단지 지금 당신이 무슨 행복을 가졌는지 모를 뿐이다. 감사할 줄 모를 뿐이다. 가진 게 많아야 행복하다고 생각할 수 있다. 원하는 게 이루어져야 행복하다 생각할 수 있다. 반은 맞고 반은 틀렸다. 염원하던 것이 이루어지고 물질적으로 풍요로워졌을 때, 단기적으로는 행복하다 느낄 수 있다. 그러나 그것은 쾌락에 가까운 행복이다. 금방 내성이 생겨 또 다른 원하는 것이 생기고 더 많은 물질을 원하게 된다. 진짜 행복은 당신 마음속의 ‘감사함’에 있다.

가진 것에 감사할 줄 아는 사람이 행복한 것이다. 아무리

가진 것이 많아도 만족할 줄 모르면 행복하지 않다. 많은 사람들이 특별히 좋은 일이 있어야만 감사한다. 당연한 것에는 감사하는 경우가 드물다. 감사할 것을 찾는 일은 더욱 드물다. 감사할 일이 없는 것이 아니라 감사를 모르는 것이다. 살면서 후회가 되는 일은 반드시 생긴다. 그러나 그 후회 속에 머물러 지낸다면 행복할 수 없다. 과거가 아니라 현재를 바라보면 감사할 일이 가득하다.

감사가 안 되는 이유는 크게 3가지이다. 첫 번째는 당신의 부정적인 마음이다. 같은 상황이라도 부정적으로 바라보면 행복해지기 어렵다. 삐뚤어진 마음은 감사할 일들을 모두 보지 못하게 한다. 두 번째는 너무 높은 자기애이다. 대접받는 것을 당연하게 생각하고 대우받기를 원한다면 감사하기 어렵다. 아무리 좋은 것을 받아도 감사하지 않고 당연하게 여긴다. 자신만이 특별하다는 특권의식을 가진 사람은 가진 것에 대해 고마움을 모르고 오만해지기 쉽다. 마지막은 비교다. 비교를 통해 얻을 수 있는 것은 두 가지다. 열등감과 우월감이다. 열등감을 느끼면 시기와 질투에 빠지기 쉽고, 우월감을 느끼면 교만해지기 쉽다. 모두 감사하는 것을 방해하는 감정들이다.

- 행운을 부르는 감사 방법

"감사합니다. 좋은 하루 되세요."

"덕분에 잘 먹었습니다. 감사합니다."

"덕분에 좋은 시간 보내고 갑니다. 감사합니다."

"도와줘서 너무 고마워, 덕분에 일찍 끝났어."

"먼저 얘기해줘서 고마워."

"배려해줘서 고마워."

"가는 말이 고와야 오는 말이 곱다."처럼 무엇이든 먼저 주어야 돌려받을 수 있다. 감사는 간단한 한마디지만 효과는 엄청나다. 감사는 인사 중에서도 가장 기분 좋은 여운이 남는 인사다. 일상에서의 감사 인사를 습관화하자. 식당에서 배부르게 먹고 나오면서 받는 감사의 한마디에 식당 주인은 많은 보람을 느낀다. 앞으로도 좋은 음식을 대접해야겠다고 다짐한다. '식당에서 배부르게 먹는 게 당연한 거 아냐?'라고 생각할 수 있다. 때로는 당연한 일에 감사하다고 말하는 것이 가식적으로 느껴질 수도 있다. 그러나 진심이 아니라도 일단 감사하다고 해 보자. 당연한 일에도 감사하다고 하는 것이 작은 것에도 감사를 느끼는 첫 번째 단계이다. 작은 감사가 습관이 되면 큰 감사를 느끼기 쉬워지고 행복에 한 발짝 더 가까워진다.

감사 인사에 "덕분에" 같은 간단한 단어를 더해보자. 사소하지만 구체적인 한마디를 곁들인다면 효과는 더 커진다. 그냥 "고마워."라고 말할 수도 있지만 "배려해줘서 고마워."처럼 한마디만 붙여도 더욱 진정성이 느껴진다. 듣는 사람 입장에서도 진정성 있는 감사에 다음에도 배려해주고 싶은 마음이 든다. 이런 원리로 감사 인사는 상대방에게 표현하는 것이지만 결국에는 더 큰 감사로 돌아온다.

감사를 할 때는 감사의 마음이 잘 전달되어야 행운을 불러일으킬 수 있다. 상대방이 진심으로 감사하는 마음을 전달받아야 한다. 진심은 보이지 않는 파장을 타고 상대방에게 전달된다. 감사를 전달할 때는 긍정적이고 따뜻한 내면을 가지고 있어야 한다. 가식적이고 목적이 있는 감사는 결국에는 상대방도 알아차리게 되어있다. 작은 것을 소중하게 여길 줄 알아야 한다. 이런 마음은 결국 당신에게도 부정적인 마음과 스트레스를 줄여주고 사고를 유연하게 해준다.

- 원하는 게 모두 이루어지는 감사 일기 쓰는 법

미국의 유명한 토크쇼 진행자인 오프라 윈프리의 명언 중에 이런 말이 있다. "당신이 가진 것에 감사하세요. 당신은 더 많은 것을 갖게 될 것입니다. 당신이 갖지 못한 것에 집중한다면 결코 충분하지 않을 것입니다.” 그리고 말한다. “우리 주변에는 감사해야 할 일이 아주 많습니다. 그리고 그것을 매일 기록해야 합니다.” 기록이라는 것은 중요하다. 인간은 망각의 동물이라 쉽게 잊어버린다. 기록해놓으면 더 오래 기억되고 더 깊이 남는다. 감사 일기를 쓰는 것은 감사를 마음에 더 깊이 남기는 효과적인 방법이다.

감사 일기를 잘 쓰기 위한 방법 중 하나는 관심을 가지고 많은 경험을 해 보는 것이다. 사람, 자연, 사물, 많은 것에 관심을 가지고 깊이 바라봐야 한다. 아는 만큼 보인다. 알게 되면 보이지 않던 것들도 보이게 된다. 보이지 않던 게 보이게 되면 더 큰 감사를 할 수 있다. 더 구체적으로 세상을 보게 되고 감사하게 된다. 구체적인 감사의 대상을 정해보고 이유도 나열해보자.

당신이 받은 것, 당신에게 주어진 것에 감사할 수도 있지만, 당신이 겪어왔던 시련, 현재의 고통, 미래의 희망에도 감사할 수 있다. 실패를 후회하지 말고 그 속에서 배운 경험과 성장에 감사하자. 인간은 원래 부정적인 것을 더 쉽게 떠올리고 기억한다. 의도적으로 긍정적인 경험을 상기시켜보자. 안 좋았던 기억도 그 시간을 이겨내고 성장한 당신 스스로에게 감사를 표해보자. 당신을 재단하는 차가운 눈을 따뜻한 감사로 녹여보자.

'나는 감사할 일이 진짜 없는데?'라고 생각한다면 최근에 당신의 일상에서 아무 사건이나 생각해보자. 그리고 그 사건을 보는 관점을 의도적으로 긍정적으로 바꿔보자. 아침에 일어나 바로 화장실로 직행했다면 건강한 장에 감사할 수도 있고, 오늘 동료와 고민을 나눴다면 소중한 인간관계에 감사할 수도 있다. 날씨가 추웠다면 몸을 따뜻하게 녹일 수 있는 안식처가 있다는 것에 감사할 수도 있다. 평소에 마음을 표하지 못했던 감사한 사람을 떠올릴 수도 있다. 당신의 장점에 감사할 수도 있다. 의도적으로 관점을 조금만 틀어서 세상을 본다면 감사하지 않을 일이 없다. 그것을 글로 남기면 더 큰 감사처럼 다가온다. 평범한 일기를 감사 일기로 바꿔서 적어보자.

별 한 개짜리 일기		별 다섯 개짜리 감사 일기
친구보다 좋은 선물을 받아서 기분이 좋다.	→	꼭 필요한 선물을 받게 돼서 감사합니다.
남들보다 좋은 직업을 가져서 다행이다.	→	노력해왔던 일이 이루어져서 감사합니다.
오늘 저녁으로 치킨을 먹었다.	→	치킨의 풍부한 맛을 느낄 수 있어서 감사합니다.
길을 가다 실수로 넘어져서 다쳤다.	→	큰 사고가 나지 않아 다행이다. 앞으로 좀 더 조심스럽게 다닐 수 있어 감사합니다.
연인과 사소한 일로 헤어졌다.	→	당장은 마음이 아프지만 이번 일로 인간의 마음에 대해 하나 더 배울 수 있어 감사합니다.

“ 3 ”

상대의 이름을 부르면 호감도가 올라간다

“내가 그의 이름을 불러주었을 때, 그는 나에게로 와서 꽃이 되었다.”

- 김춘수의 시 「꽃」

이름을 가진다는 것은 존재를 인식한다는 것이고, 의미가 생긴다는 뜻이다. 정체성이 생긴다는 의미이기도 하다. 이름은 단순한 단어가 아니라 남들과는 다른 당신의 고유성을 나타내는 단어이다. 그렇기에 사람들은 자신도 모르게 놀라울 정도로 자신의 이름을 소중하게 생각한다. “호랑이는 죽어서

가죽을 남기고, 사람은 죽어서 이름을 남긴다."라는 말도 있듯이 이름은 자신이 죽어서 남길 수 있는 몇 안 되는 자산이기도 하다. 많은 연구자, 기업가들이 비용을 치르면서 자신의 이름이 새겨진 법칙이나 회사, 단체를 만드는 이유이다.

인간관계의 대가라고 불리는 데일 카네기는 어렸을 때부터 이름의 중요성을 인지했다. 카네기가 스코틀랜드에서 어린 시절을 보내고 있을 때의 이야기이다. 그는 아기 토끼들이 살고 있는 작은 굴을 발견했다. 카네기는 아기 토끼들에게 먹이를 주고 싶었지만 마땅한 것이 없었다. 한 가지 꾀를 낸 카네기는 동네 친구들에게 토끼가 먹을 수 있는 풀을 구해주면 그 친구의 이름을 토끼에게 붙여주겠다고 했다. 그러자 얼마 뒤 많은 친구들이 풀을 구해 가져다주었다. 한낱 미물에 자신의 이름을 붙인 것뿐인데 사람들은 그것을 중요하게 생각하기 시작한다. 그는 이때 얻은 깨달음으로 훗날 사업할 때도 이름을 활용해 사람을 다루며 빠르게 번창해나갔다.

이름을 기억하고 부른다는 것은 당신의 존재를 인정하고 당신에 대한 관심을 나타내는 것이다. 그래서 사람들은 누군가가 자신의 이름을 기억해주면 반가움과 고마움을 느낀다. 그리고 그것은 친밀감으로 이어진다. 한때 미국의 대통령이었던 프랭클린 D. 루스벨트도 이름을 기억하는 것은 사람의 호의를 얻을 수 있는 가장 간단한 방법이라는 것을 알고 있었다. 실제로 성공한 사업가와 정치인들은 사교를 위해 많은 사람의 이름을 외우는 데 큰 노력을 한다.

<사례 1>

소현　안녕하세요? 지난번에 뵀었는데, 혹시 기억나시나요?

재구　아 안녕하세요? 네 기억납니다. 요즘 잘 지내시죠?

소현　네 덕분에 무탈하게 지내고 있습니다.

재구　하하 다행입니다. 건강 잘 챙기시고 다음에 또 뵙겠습니다.

소현　네 만나서 반가웠습니다.

<사례 2>

소현　재구 씨, 안녕하세요? 이번에도 마주치네요. 그동안 잘 지내셨어요?

재구　아 안녕하세요? 덕분에 잘 지내고 있습니다.
소현 씨 맞으시죠? 소현 씨는 잘 지내셨나요?

소현　네 저도 잘 지내고 있어요.^^
이런 데서 재구 씨를 또 보다니, 정말 반갑네요.

재구　하하 그러게 말입니다. 못 본 사이에 더 밝아지신 것 같네요.

소현　감사합니다. 다음에도 또 뵀으면 좋겠네요.

재구　저도 그러길 바랍니다. 다음에 또 뵐게요!!

소현　네 다음에 뵈어요!!

<사례 3>

소현　안녕하세요? 이번에도 마주치네요. 그동안 잘 지내셨어요?

재구　아 안녕하세요? 덕분에 잘 지내고 있습니다.

소현　하하, 제가 기억력이 안 좋아서 성함이 잘 기억이 안 나네요. 실례지만 성함이 어떻게 되셨죠?

재구　괜찮습니다.^^ 김재구입니다.

소현　맞다, 재구 씨였죠! 저는 최소현이에요. 혹시 기억 안 나실까 봐 말씀드려요.

재구　하하, 아닙니다. 기억하고 있습니다.

소현　정말요? 감사하네요.^^ 이런 데서 또 보게 돼서 정말 반가워요.

재구　저도 반갑네요. 그럼 다음에 또 봬요!

소현　네! 조심히 들어가세요!

세 상황은 모두 일면식이 별로 없는 사람이 오랜만에 만났을 때 나눈 대화이다. 사례 1에서는 서로의 이름을 기억하지 못했다. 언뜻 보면 큰 문제없는 반가움의 인사이다. 사례 2는 서로 상대의 이름을 기억하며 불러주었다. 인사가 끝나고 뒤돌았을 때 더 기분 좋은 여운이 남는 대화이다. 이름을 기억한다는 것은 상대에게 관심을 가져야 가능한 일이다. 따라서 이름을 기억해주면 상대방은 존중받는 것처럼 느낀다. 인간의 본능적인 인정 욕구가 충족된 것이다. 자신의 존재를 인정해줬다는 기분에서 고마운 감정이 나오는 것이다.

더불어 이름을 불러준다는 것은 상대를 세심하게 신경 쓰고 있다는 것을 느끼게 한다. 다음에 다시 마주쳤을 때 사례 2의 사람들은 서로를 더 잘 기억할 것이고 더 반가움을 느낄 것이다. 이름이 잘 기억나지 않는다면 사례 3처럼 다시 물어볼 수 있다. 하지만 이런 상황이 반복된다면 상대는 자신을 중요하지 않은 사람으로 대하는 기분을 받을 것이다. 이것은 결코 당신의 인간관계에 좋은 영향을 끼치지 않는다.

많은 사람들은 잠깐 본 사람의 이름을 쉽게 잊는다. 이름을 기억하기 위해 특별한 노력을 기울이지 않는다. 필요할 때만 선택적으로 기억하기 쉽다. 낯선 사이일수록 이름을 기억해주었을 때 상대방이 느끼는 감동이 크다. 친분이 없는 사이에서 가까운 사이가 될수록 이름을 편하게 부르게 된다. 이름을 부른다는 것은 친밀감의 표시이기 때문이다. 이름을 자주 부르는 것만으로도 인간관계에 따뜻한 바람이 불 수가 있다.

그러나 오히려 친밀도가 높아질수록 이름을 부르는 횟수는 줄어들기도 한다. 이름 대신 야, 너, 누구 엄마, 누구 아빠 등 다른 호칭으로 부른다. 이름을 알고 있어도 부르는 경우는 많지 않다. 특히 나이가 들수록 선생님, 부장님 등 사회적 역할에 따라 불리거나 와이프, 남편, 아줌마, 아저씨 등 다양한 말들로 불린다. 그렇기에 자신의 이름을 불러주는 것에 사람들은 쉽게 반가운 마음을 느낀다.

한때 인기를 휩쓸었던 예능 프로그램 〈무한도전〉에서 나온 일화이다. 출연자들이 아내에게 전화를 거는 장면이었다. 이때 한 출연자가 아내를 부르는 호칭에 많은 시청자들이 감동을 받았다. 아내를 어떻게 불렀기에 시청자들이 감동했을까? 그것은 바로 아내의 '이름'이었다. 결혼을 하면서 대부분의 사람들은 자신의 이름이 점차 희미해지고 누군가의 엄마, 아빠, 아내, 남편으로 불린다. 〈무한도전〉에서 출연자가 아내를 이름으로 부른 것은 누군가의 아내, 엄마가 아닌 그 사람 그 자체로 인정해준다는 느낌을 주었고 큰 감동을 했던 것이다. 그 출연자는 바로 대한민국 최고의 MC인 유재석이다.

이름을 부르는 데서 나오는 친근함은 상대방과 가벼운 의견 충돌로 기분이 상했을 때도 효과적이다. 상대방과 의견이 다를 때 무작정 반대 의견을 내기 전에 주어 자리에 상대의 이름을 살짝 넣어 상대방을 인정한다. 부드러운 말투로 상대의 이름을 넣어 말하면 상대방을 존중한다는 뉘앙스를 풍길 수 있다. 그럼 반대 의견을 말하면서 상대의 기분을 상하지 않게 할 수 있다. 상대의 가치를 인정해주는 아주 효과적인 방법이 이름을 불러주는 것이기 때문이다.

※ 이름을 쉽게 기억하는 방법

1. 상대방에게 진심으로 관심을 가진다.
2. 상대방의 얼굴과 이미지를 이름과 연관해 기억한다.
3. 상대방의 이름과 특성을 메모해둔다.
4. 대화 도중에 이름을 종종 언급한다.

“4”

편안한 스몰토크가 분위기를 좋게 만든다

잡담의 사전적 의미는 ‘쓸데없이 지껄이는 말’이다. 영어로는 스몰토크라고 한다. 그러나 잡담의 효과는 절대 쓸데없지 않고 작지도 않다. 여러 가지 실험에서 잡담의 유용성과 긍정적인 효과가 밝혀졌다. 잡담은 스트레스를 해소하는 수단 중 하나가 된다. 뇌에 긍정적인 작용을 하여 창의적으로 생각할 수 있도록 도와준다. 또한 건강한 잡담은 사람 간의 친밀도를 높인다. 특히 어색하거나 정적인 분위기를 편안하게 만드는 데 큰 역할을 한다. 본격적인 대화를 시작하기 전에 분위기를 전환할 수 있기 때문이다. 더불어 사람 간의 교류를 촉진해 인간 관계를 개선하고 사회적인 성장까지 이끈다.

잡담이 업무 생산성을 높인다는 실험 결과가 있다. MIT의 벤자민 와버 교수는 미국의 한 콜센터를 대상으로 실험을 진행했다. 콜센터에서는 직원들이 교대로 15분 정도의 휴식 시간을 가질 수 있도록 되어 있었다. 다 함께 휴식 시간을 가지면 업무 효율이 떨어질 것을 우려한 사내 규정이었다. 벤자민 교수는 직원들을 2팀으로 나누어 한 팀은 본래 규정대로, 나머지 한 팀은 모든 직원들이 함께 휴식 시간을 가질 수 있도록 하였다. 3개월 후 결과는 놀라웠다. 휴식 시간을 공유하며 잡담을 즐긴 직원들의 근무 만족도가 10% 높아졌고, 콜 업무 처리 시간은 8% 향상되었다. 이는 비용으로 환산했을 때 160만 달러의 효과가 있다고 한다. 이와 같은 효과 덕분에 스몰토크를 따로 교육하는 대기업도 있다. 이처럼 건전한 스몰토크는 사회에 긍정적인 영향을 끼친다.

<엘리베이터 안>

A　　안녕하세요.

B　　안녕하세요.

A　　….

B　　….

A　　안녕히 가세요.

B　　안녕히 가세요.

스몰토크의 효과가 가장 클 때는 어색한 사람과 피치 못하게 같은 공간에 있어야 할 때이다. 가령 엘리베이터 안에서 마주치거나 비즈니스 미팅에서 처음 만난 사이가 대표적이다. 엘리베이터 안에서 어색한 사람과 마주쳤을 때 사람들은 가볍게 인사를 나누고 각자 핸드폰이나 바뀌는 층수만 바라본다. 대다수는 눈도 마주치지 않는다. 길게 느껴지는 짧은 침묵 후에 어색하게 인사하며 헤어진다. 물론 '당장 어색한 상황을 벗어나야겠다.', '대화를 해야 한다.'라는 강박을 가진다면 상대도 더 부담스러움을 느낀다. 그렇다고 언제나 피하는 것도 장기적으로 좋은 방법은 아니다.

스몰토크는 밝은 인사에서부터 시작해서 좋은 이미지를 남기는 것으로 마무리해야 한다. 사람들은 대화를 한 후에 대화의 내용보다는 대화의 느낌을 더 잘 기억한다. 주고받았던 말의 내용보다는 어떤 느낌으로 대화를 했는가가 더 오래 남는다는 것이다. 한 사람이 긴장하여 경직되어 있으면 그 느낌은 상대방에게 똑같이 전염된다. 부드러운 표정으로 마음을 편안히 먹는 것이 중요하다. 어색한 상황은 얼마든지 있을 수 있고 누구나 대화하기 어려운 상대가 있기 마련이다.

말을 많이 한다고 해서 말을 잘하는 것도 아니다. 혼자만 즐거운 이야기를 하는 사람과 계속 함께 있는 것은 썩 유쾌하진 않다. 말 없는 사람과 같이 있는 것이 더 편할 수도 있다. 소개팅이나 회의 자리나 어색한 상황을 깨고 싶다면 억지로 말하려고 부담을 가지는 것보다 차라리 상대방에게 관심을 가지는 것이 좋다. 관심을 가지다 보면 억지로 대화하려 하지 않아도 저절로 묻고 싶은 것이 떠오른다. 사람들은 자신을 중요하게 생각해주고 존중해주는 사람을 좋아한다. 자신의 이야기를 잘 들어주는 사람에게 호감을 느끼게 되어 있다. 배려가 담긴 관심, 부드러운 표정과 말투는 매력을 느끼기에 충분하다.

<엘리베이터 안>

A　안녕하세요.

B　안녕하세요.

A　오늘 날씨 진짜 춥죠?

B　그러네요. 점점 더 추워지는 것 같아요.

A　따뜻하게 입고 다니셔야겠어요.

B　그러니까요. 안 그래도 패딩을 하나 살까 생각 중이에요.

A 요즘 날씨에 진짜 잘하셨어요. 저도 얼마 전에 겨울옷 하나 마련했어요.

B 미리 잘 준비하셨네요. 감기 조심하셔야 해요.

A 네 감사합니다.^^ 아, 내릴 때가 되었네요. 다음에 또 뵈어요.

B 네 조심히 가세요.^^

언제든 가볍게 이야기할 수 있는 스몰토크를 알고 있으면 어색한 분위기를 부드럽게 바꾸기 쉽다. 우연히 어색한 사람을 만나도 자연스럽게 대화를 이어갈 수 있다. 주로 날씨, 유행, 취미, 가족, 음식, 패션 등 일상에서 쉽게 접할 수 있는 주제들은 누구나 가볍게 다룰 수 있다. 예를 들어 날씨 주제는 엘리베이터 안처럼 짧은 순간 나눌 수 있는 대화로 상당히 무난하다. 가벼운 주제를 던짐으로써 별거 없었던 인사말이 풍부해진다.

최근의 취미나 좋아하는 음식 등 상대방에 대한 관심을 가지고 물어봐야 한다. 상대의 대답에 따라 대화는 꼬리를 물고 이어진다. 이때 주의할 점은 질문만 하지 않는다는 것이다. "근처에 아는 맛집이 있나요?", "거기서 자주 드시는 메뉴는 무엇인가요?", "얼마나 자주 가세요?" 일방적인 질문만 계속 던지다 보면 상대방은 자칫 취조 받는 느낌을 받는다. 답변과 관련된 질문이라도 일방적인 질문의 연속은 대화가 아닌 인터뷰다. 또한 상대방이 맞장구를 잘 쳐주지 않거나, 맞질문을 던져주지 않으면 더 문제다. 혼자 애쓰는 느낌을 받으면서 다음 질문이나 화젯거리를 찾느라 머리를 계속 굴려야 한다.

스몰토크를 위한 질문을 던질 때는 자신을 먼저 살짝 공개하는 것이 좋다. 상대방에 대한 관심은 좋지만 상대방에게 자신에 대해 알려주는 것도 필요하다. 여기서 자신에 대해 알려준다는 것은 자신을 소개하는 것뿐만 아니라 의견, 경험을 포함한다. 낯선 사람에 대한 상대의 마음의 문에 노크를 하는 것이다. "근처에 아는 맛집이 있나요?", "오, 거기는 처음 들어보는 곳이네요! 거기서 자주 드시는 메뉴가 있나요?", "생각만 해도 군침이 고이는데요? 자주 가시나 봐요." 질문 사이에 한 문장씩만 추가해도 상대는 훨씬 진심으로 대화를 나누는 느낌을 받는다. 특히 처음 만난 사이에서 자신에 대해서는 제대로 알려주지 않고 상대방에게만 일방적인 질문을 던지는 것은 부담으로 다가온다. 대화는 캐치볼처럼 주고받는 것이다. 질문을 하면서 자신의 이야기도 첨가해가며 대화를 하면 훨씬 편안하고 즐거운 수다를 만들 수 있다.

스몰토크에서 절대 꺼내면 안 되는 화젯거리도 있다. 바로 정치, 종교이다. 이 두 가지 주제로 이야기를 할 때는 조용히 다른 화제로 돌리거나 자리를 피하는 것이 좋다. 자치하면 서로의 민감한 부분일 수도 있고 명백한 옳고 그름도 없기 때문이다. 또 하나 피해야 할 주제는 뒷말이다. 스몰토크는 어색한 분위기를 풀어주기도 하며 좋은 인상을 남길 수 있다. 그러나 뒷말은 말하는 사람의 이미지를 실추시키고 듣는 사람도 기분이 언짢아지는 주제이다.

어느 정도 스몰토크를 즐긴 후 자리를 피해야 할 때 좋은 방법이 있다. "이제 그만 가 봐야겠어요."보다 "덕분에 즐겁게 시간 보내고 가요."처럼 즐거웠다는 한마디를 덧붙이면 좋은 인상을 남길 수 있다. 스몰토크 후에 남는 것은 결국 내용보다는 인상이기 때문이다. 방금 우리가 나눈 대화가 즐거웠다는 인식을 심어주고 가면 상대방도 덩달아 "그래, 즐거웠지." 하며 무의식적으로 수긍하기 쉽다. 스몰토크는 상대방에 대한 관심과 작은 한두 마디로도 굉장한 영향을 불러일으키는 대화이다.

※ 분위기를 바꾸는 스몰토크

- 간단한 일상 화제 꺼내기: 날씨, 유행, 취미, 가족, 취미, 음식, 패션 등
- 상대방에 대한 배려가 담긴 관심 가지기
- 일방적인 질문이 아닌 나의 의견도 주고받는 대화하기
- 정치, 종교, 뒷말 주제는 꺼내지 않기
- 대화가 좋았다는 인상 남기며 다음을 기약하기

“5”

좋은 대화 주제는 상대방이 좋아하는 것이다

대화를 하다 보면 신나서 조잘거릴 때도 있지만, 딱히 할 말도 생각 안 나고 재미가 없을 때가 있다. 이런 현상의 가장 큰 이유는 바로 대화의 주제이다. 친한 사람들과 있어도 관심 없는 주제면 한 귀로 흘리게 되거나 대화가 잘 이어지지 않는다. 반면 낯선 사람들과 있다가도 관심 있는 대화 주제가 나오면 귀가 솔깃해진다. 처음 본 사람들과 대화하는 것이 쉽지 않은 이유 중 하나는 공통된 관심사를 모르기 때문이다. 상대에 대한 정보가 없기 때문에 어떤 주제로 이야기할지 몰라 대화가 어려운 것이다. 주제에 대한 흥미도가 높을수록 즐거운 대화를 할 확률이 높다. 너, 나 할 것 없이 모든 사람에게 해당된다. 따라서 상대방이 좋아하는 주제에 관한 대화를 나누면 대화 시간이 즐거웠다는 기억을 심어준다. 함께 대화를 나눈 사람에 대한 긍정적인 호감은 덤이다.

A 연이 엄마, 요즘 연이는 어떻게 지내요?

B 한창 취직 준비하다가 얼마 전에 좋은 곳에 취직했지 뭐예요. 호호.

A 어머, 너무 축하해요. 딸 다 키웠네 이제.

B 엊그제는 첫 월급 받았다고 용돈도 챙겨줬어요. 살다 보니 딸한테 용돈 받는 날도 오는구나 싶었어요. 안 줘도 된다는데 굳이 막 챙겨주더라고요~

A 효녀네, 효녀야. 우리 아들도 얼마 전에 취직해서 내가 한숨 돌렸어요.

B 현수도 취직했어요? 어머 너무 잘됐다. 어디로 취직한 거예요?

A S기업이라고, 아마 대기업이니까 알 거예요. 호호

B 세상에 거기 들어가기 엄청 어려운 곳이라던데! 너무 축하해요. 현수 엄마.

A 고마워요! 나는 첫 월급 선물 같은 거 바라지도 않는데 우리 애가 착해 가지고 뭐 준비하는 거 아닌가 몰라~

관심이 있는 주제는 대화가 이어지기도 쉽고 친밀감이 형성되기도 쉽다. 중요한 것은 '나 혼자' 관심 있는 주제가 아니라 '함께' 관심을 가지는 주제이다. 더 나아가서는 '나'보다는 '상대방'이 주체가 되도록 만들어 주어야 한다. 인간의 최대 관심사는 자기 자신이기 때문에 자신과 관련된 이야기는 모두 흥미롭게 느낀다. 그러나 대화는 나와는 다른 경험을 가진 타인과 하는 것이기 때문에 상대의 관점으로 보는 것이 중요하다. 마치 낚시에 쓰는 미끼와 같다. 미끼는 인간이 아닌 물고기가 좋아하는 먹이를 쓴다. 그래야 물고기가 먹이에 관심을 가진다. 대화를 할 때도 상대방이 어떤 것을 좋아하는지, 무엇에 관심을 가지는지, 어떤 욕구를 가지고 있는지 알면 흥미로운 대화를 이끌 수 있다.

사람마다 좋아하는 화제와 관심사가 다르지만 공통적으로 관심을 가질 수밖에 없는 주제들도 있다. 특히 자식을 둔 부모일 경우 가장 좋은 주제는 '자식'이다. 부모라면 누구나 '자식 자랑'을 할 때 말이 많아진다. 상대방은 질릴지언정 자기 자식 자랑은 몇 번을 해도 질리지 않는다. 부모는 자식에 관한 이야기라면 아주 사소한 것이라도 촉각을 곤두세우게 된다. 자식 자랑을 하기 싫어하는 사람은 없다. 말하고 싶어 입이 근질거리고 누구든 물어봐 주기만을 기다리고 있을 수도 있다. 때로는 내가 궁금한 것보다 물어봐 주길 원하는 주제로 이야기하는 것이 대화를 재밌게 이어나가는 좋은 방법이다.

나이가 들수록 사람들이 주로 관심을 가지는 주제는 바로 '건강'이다. 시간이 흐를수록 체력도 힘도 약해지기에 자연스럽게 건강에 관심을 가지게 된다. 젊은 나이라도 건강에 관심 있는 사람은 많다. 건강하고 싶지 않은 사람은 없다. "오래 앉아 있었더니 허리가 아프네."라는 말은 일상에서 누구나 한번은 해 봤을 것이다. 사소한 일상으로도 쉽게 연관시켜 할 수 있는 주제가 건강이다. 좋은 병원, 영양제, 운동, 생활습관, 노화 등 건강과 관련되어 파생되는 많은 주제들로 공감대가 형성되는 대화를 나눌 수 있다.

A　　헉헉, 드디어 산 정상에 도착했어요!

B　　정말 고생 많았어. 물 한잔하고 잠깐 쉬자고.

A　　캬~ 경치가 참 좋네요. 바람도 선선하고요. 고생 끝에 낙이 온다고. 등산은 이런 맛에 하는 건가 봐요.

B 나 어릴 때는 말이야, 산 정상에 도착해서 '야호!'라고 소리 지르는 맛이 있었는데. 하하.

A 그러게요. 그때는 확실히 등산의 성취감을 더 느낄 수 있었겠네요! 요즘에는 소음 공해나 야생동물 보호 때문에 안 된다고 그러더라고요.

B 세상이 많이 변하고 있어. 하하.

직접 겪은 경험이나 과거에 살아온 이야기도 좋은 주제가 될 수 있다. 어느 순간부터 "나 때는 말이야~" 하면서 이야기를 하는 나이 든 사람을 꼰대로 취급한다. 일상 속에서 의외로 많이 쓰이는 말이라 '나 때'를 '라떼'라는 단어로 변형하여 희화화하기도 한다. "나 때는 말이야"가 많이 쓰이는 이유는 그들이 단지 나이 든 꼰대라서가 아니다. 사람은 누구나 자신의 경험담 이야기하기를 좋아한다. 어떤 상황에서라도 자신이 겪었던 이야기와 비교하면서 이야기하는 습성이 있다. 나이를 떠나 자신만의 경험이 있거나 비슷한 무언가를 먼저 해 본 경험이 있다면 자기도 모르게 이야기를 꺼내게 된다.

경험에 관한 이야기를 할 때 과거에 자부심을 느꼈던 경험에 관한 주제는 매우 효과적이다. 누구나 인생의 크고 작은 굴곡들이 있다. 역경과 고난을 이겨낸 경험, 무언가를 이겨낸 경험, 이뤄낸 경험, 인정받은 경험을 이야기하는 것은 말하는 사람의 자존감을 높일 수 있는 주제이기도 하다. 주로 직업이나 학업, 일에 관한 이야기다. 인간에게는 인정받고자 하는 욕구가 있기 때문에 이런 주제로 대화할 때는 특히 더 경청해주는 것이 중요하다. 그가 겪은 일, 해낸 일에 충분히 관심을 가지고 존중해주어야 더 신나는 대화가 이어진다.

A 여보, 나 이번에 새로 나온 닌텐도 게임 샀어!

B 뭐 샀는데?

A 포켓몬 게임이야! 시리즈 최신작이야!

B 아, 그래? 그건 그렇고 이번 주 분리수거 당번은 자긴 거 알지?

A 어어, 알지.

B 까먹지 말고 해줘~

A 알겠어.

대화를 하면서 상대방을 중요한 사람으로 대하는 것은 매우 중요하다. 인간은 자신의 존재와 가치를 인정받고 싶어 하는 본능이 있다. 사람들이 칭찬에 목말라하는 이유도 이 때문이다. 꼭 칭찬을 하지 않더라도 상대방에게 이런 기분을 느끼게 하는 방법 중 하나는 상대방이 좋아하는 것에 집중하는 것이다. 상대방의 흥밋거리에 집중하고 질문하고 경청하는 것이다. 상대방이 하고 싶은 말이 무엇인지 알아채는 것이다.

그렇게 하지 않고 자신이 하고 싶은 말만 하는 것은 대화에 찬물을 끼얹는 행위이다. 혹여나 말을 끊고 다른 말을 꼭 해야 하는 경우에는 바로 다른 말을 하는 것이 아니라 '수용'의 단계가 필요하다. 수용은 어려운 것이 아니라 받아들이는 리액션이다. 위의 상황에서 B는 바로 분리수거 이야기가 아니라 수용의 단계를 거쳤어야 했다. "재밌겠다!", "전 시리즈랑은 뭐가 다른 거야?"라고 A의 흥밋거리에 관심을 더 가졌더라면 둘은 더 풍부한 공감대 형성을 할 수 있었을 것이다. 내가 말하고 싶은 것보다 상대가 흥미를 보이는 것에 대해 더 많이 말해야 한다.

상대방이 좋아하는 주제를 파악해놓으면 대화를 하는 데 도움이 많이 된다. 그렇다고 직접적으로 "요즘 관심사는 무엇인가요?", "좋아하는 주제가 있으세요?"라고 묻는 것은 어리석은 짓이다. 직접적인 질문은 부담스럽다. 평소와 다른 변화, 경청, 일상의 질문 등을 통해 상대방의 생각 혹은 관심사에 대한 힌트를 얻을 수 있다. 상대방이 물어봐 주길 원하는 것, 인정해주길 원하는 것을 알아내는 것은 엄청나게 효과적이다. 실제로 마케팅이나 비즈니스 협상에서도 상대의 욕구를 알아내는 것을 매우 중요하게 생각한다.

처음 본 사이든 가까운 사이든 호기심을 가지고 상대방의 관심사에 대해 알아가는 것이 중요하다. 처음 본 사이라면 일방적인 질문보다는 자신의 이야기도 적당히 해야 심리적 거리를 쉽게 좁힐 수 있다. 이미 충분히 가까운 사이라면 긴장감이 없어 더 소홀해지는 경우가 많다. 그러므로 가까울수록 더 애정을 가지고 상대방의 관심사에 대해 질문하고 공감해주어야 한다. 술술 잘 풀리는 대화를 위해서는 누구와 대화를 하든 상대방의 흥미가 무엇인지 알려고 노력하는 자세가 필요하다.

최신 게임이야!
와~ 재밌겠다!
GAME

“6”

상대와의 공통점을 나누면 친밀감이 생긴다

친밀감이라는 것은 살아가면서 매우 유용한 감정이다. 맞는 이야기라도 싫은 사람이 하면 왠지 인정하기가 싫다. 싫은 사람과는 닮았다는 말도 기분이 나쁘다. 반면 조금 틀린 것 같은 이야기라도 호감 있는 사람이 하면 실수했겠거니 하며 넘어간다. 이처럼 상대방과의 친밀도에 따라 같은 이야기도 신뢰가 갈 수도 있고 안 갈 수도 있다. 친밀도는 신뢰감을 높여주는 작용을 하기 때문이다. 이렇게 큰 역할을 하는 친밀도는 공통점만 있으면 의외로 쉽게 생긴다. 여러 연구에서 공통점이 있는 사람들은 더 친해지고, 높은 신뢰를 가지는 경향이 있으며 갈등이 줄어들고 관계가 지속적으로 끈끈해지는 것으로 밝혀졌다. 그만큼 공통점은 우리가 다른 사람들과 관계를 만들어나가는 데 도움이 되는 요소 중 하나이다.

상원　뭐 마실래요?

연이　저는 아이스 카페라떼요.

상원　카페라떼 좋아하세요?

연이　네, 시럽은 꼭 두 번 넣어 마셔요.

상원　달달한 거 좋아하시나 봐요. 하하. 저도 달달한 걸 좋아해서 시럽 두 번씩 넣곤 해요.

연이　역시 시럽은 두 번 넣어야 제맛이라니까요?

상원　맞아요! 맛을 좀 아는 분이시군요!

처음 보는 사람 혹은 잘 모르는 사람에게 쉽게 마음을 열고 친해지기는 쉽지 않다. 이것은 인간의 오랜 생존본능과도 관계가 있다. 예부터 인간은 모두 한 가지 이상의 공동체에 속해 왔다. 처음 보는 존재에 대해서는 자신의 공동체에 해가 되는지 아닌지 판단이 필요하다. 본능적인 경계심이 생기기 마련이다. 상대의 말과 행동을 빠르게 판단하여 적인지 아군인지 구분한다. 여기서 상대방과의 작은 공통점을 발견하면 경계심이 한층 무너진다.

아무리 작은 공통점이라도 공통점이 있다는 사실만으로 상대방과의 심리적 거리가 가까워진다. 꼭 크고 중요한 공통점이 아니어도 된다. 그 이유는 인간의 낙관적 상상력 때문이다. 미국의 사회심리학자이자 『인간, 사회적 동물』의 저자 에리어트 애런슨은 사람들은 작은 공통점을 발견하면 큰 공통점도 있을 거라고 가정해버린다고 말한다. 커피 취향만 비슷해도 이 사람은 나와 가치관도 비슷할지도 모른다고 무의식적으로 느낀다는 것이다. 나와 비슷할지도 모른다는 생각은 동족의식을 불러일으킨다. 결과적으로 공통점을 몰랐을 때보다 심리적 유대감이 생긴다.

단 하나의 공통 관심사가 당신을 호감 가는 사람으로 만들기에 충분하다는 또 다른 심리효과도 있다. 바로 '후광 효과'이다. 후광 효과는 일종의 편견으로 한 사람의 일부 특징만 보고 다른 부분까지도 그 특징에 관계 지어 보는 것이다. 대표적인 예로 외모가 준수한 사람은 성격도 준수할 것이라고 무의식적으로 판단해버리는 경우가 있다. 후광 효과는 긍정적인 편견으로 나타날 수도 있고 부정적인 편견으로 나타날 수도 있다. 적어도 공통점을 찾았다면 긍정적인 후광 효과가 발휘될 가능성이 크다.

준학　익현 씨, 아까 프레젠테이션에서 목소리가 너무 떨려서 잘 안 들리더라고요.

익현　아, 죄송합니다. 너무 긴장한 나머지….

준학　너무 걱정 마세요. 저도 긴장하면 목이 마르고 할 말도 까먹고 그렇더라고요. 그런 상황에선 누구나 실수할 수 있을 것 같아요.

익현　앞으로는 실수 없이 브리핑하도록 하겠습니다.

준학　몇 번 하다 보면 금방 익숙해질 거예요. 처음엔 다 그래요. 다음엔 더 잘해봅시다!

익현　덕분에 다음에는 더 용기 낼 수 있을 것 같습니다. 감사합니다.

공통점 말하기의 효과는 단순히 친밀감을 올리는 것에서 끝나지 않는다. 누군가의 잘못을 지적하거나 단점을 말할 때도 유용하게 쓰일 수 있다. 상대의 흠이 될 수도 있는 부분을 이야기해야 할 때도 자신과의 공통점을 찾아보자. "나도 그렇다.", "나도 그런 적이 있다."라고 말하면 훨씬 거부감이 적어진다. 외모든, 성격이든, 행동이든 누군가에게 지적받는 일은 항상 기분이 좋지 않다. 자존심이 상하기도 한다.

한편으로는 더 잘난 것도 없는 상대가 괘씸하다. "너나 잘해.", "네가 뭔데."라는 생각이 든다. 지적을 당하면 외로움을 느끼기도 한다. 다들 평범하게 잘 지내는 것 같은데 자신만 모난 느낌이 들기 때문이다. 그러나 닮았다는 것을 언급하면 동질감이 생긴다. 공통점을 찾아 혼자 모난 것이 아니라는 것을 알려준다. 동질감은 외로움을 다독여준다. 혼자만 모난 것이 아니라는 느낌을 준다.

실제로 대한민국 예능MC 1인자라 불리는 유재석은 이 공통점 찾기를 매우 잘한다. 예능에서 그는 주변 사람을 많이 놀리기도 하고 장난도 많이 친다. 유쾌하고 솔직하다. 그러나 항상 칭찬만 하는 것은 아니다. 안 좋은 것도 있는 그대로 말한다. 때론 장난도 심하다. 그럼에도 그는 항상 호감형이다. 이유가 뭘까? 대화를 할 때 이질성을 강조하는 사람이 있는 반면, 동질성을 강조하는 사람이 있다. "나는 당신과 다르다."는 대화를 단절시키고 거리를 느껴지게 한다. 한편 유재석은 매의 눈으로 성격, 말투, 옷차림 등에서 유사성을 잘 찾는다. 상대의 단점을 이야기할 때도 본인과 비슷하다며 서로를 이해하는 분위기를 만든다. 비슷하다는 것을 느낄 때 상대는 동질감을 가지며 반가움과 호감을 갖는다.

이질성 강조	동질성 강조
• 네가 밤에 늦게 자니까 못 일어나지! 빨리 좀 일어나!	• 아침에 일어나기 힘들지? 나도 그럴 때가 많아. 밤에 일찍 자면 도움이 되더라.
• 너는 왜 거기서 그런 실수를 하고 그래?	• 나 같아도 그 상황에서 그렇게 했을 것 같아.
• 당신 일 하루 이틀 해? 대체 왜 그래?	• 매일 하던 일도 잘 안 잡힐 때가 있더라. 그럴 때마다 초심으로 돌아가려 노력해.
• 말이 좀 많으신 편인가 봐요?	• 저도 그렇지만 당신도 말이 많은 편이시군요?

처음부터 공통점이 많은 사람들끼리 모이면 쉽게 말을 트고 친해질 수 있다. 취미 모임이나 동호회 등 같은 집단 안에 속한 사람들끼리는 금방 결속력이 생기는 이유이다. 공통의

관심사는 이야깃거리를 만들고 비슷한 경험, 고민을 나누며 관계가 깊어진다. 부부 사이도 마찬가지다. 캘리포니아 대학교 대학원의 한 연구원은 부부 53쌍을 대상으로 결혼 만족도를 조사했다. 연구진은 부부들에게 10주에 걸쳐서 하나의 공동 작업을 함께하도록 했다. 공동 작업은 자유롭게 결정할 수 있었고 이들은 각자 스키나 하이킹 등을 택하여 10주간 함께 하였다. 10주 후 결혼 만족도를 재조사해보니 공동 활동을 하기 전보다 만족도가 한층 높아졌다. 아무리 오래된 사이라도 새로운 공통점이 생기면 같이 보내는 시간과 대화가 많아져 유대감이 강해진다.

접점이 없는 사람에게서 공통점을 찾으려면 어떻게 해야 할까? 공통점을 찾는다는 것은 함께 공유할 공감대를 형성한다는 말과 같다. 상대를 이해하고 공유하고자 하는 마음이 있어야 한다는 뜻이다. 이를 위해서는 상대에게 호기심을 가지고 취미, 관심사, 성향 등을 파악하려는 자세가 필요하다. 실제로 많은 영업이나 협상 대화에서 전문가들은 상대방과의 공통점을 찾기 위해 부단히 노력한다. 또한 그 과정에서 일부분만 보고 나와 안 맞는 사람이라며 선을 긋지 말아야 한다.

사실 인간은 편견에서 벗어날 수 없다. 그러나 만약 좋은 관계를 만들고 싶다면 상대의 말과 행동으로 그 사람을 판단하는 것이 아니라 이해하고자 해야 한다. 의외로 주변에 상대를 이해하려 노력하는 사람은 드물다. 상대방이 했던 말을 기억하거나 단지 같은 입장에 있어 본 적이 있다고 알려주는 것만으로도 상대는 안도감을 느낀다.

"7"

칭찬은 하는 것뿐만 아니라 잘 받는 것도 중요하다

칭찬은 고래도 춤추게 한다는 말을 들어본 적이 있을 것이다. 아무리 무뚝뚝하고 사나워보이는 사람도 칭찬을 받으면 기분이 좋아진다. 칭찬은 처음 본 사람 사이에 마음의 경계를 풀어주는 역할을 하기도 한다. 멀어진 부부관계를 원만하게 하기도 하고, 설득이나 부탁 전에 칭찬을 충분히 하면 성공률도 높아진다. 진심 어린 칭찬을 싫어하는 사람은 없다. 칭찬은 인간의 기본욕구인 인정 욕구를 가장 손쉽게 채워주는 도구이기 때문이다.

- 좋은 칭찬해주기

A　　키가 훤칠하시네요. 여자분들에게 인기가 많으시겠어요.

B　　하하 아닙니다. 감사합니다.

A　　어? 핸드폰 케이스 엄청 색다르다. 어디서 산 거야?

B　　눈치챘어? 어제 길 가다가 너무 귀여워서 샀지 뭐야.

A　　와, 낙서가 예술 같아! 예술적 감각이 있는 것 같은데?

B　　그렇게 보여? 안 그래도 요즘 그림에 관심이 생기고 있어.

칭찬을 하면 좋다는 건 알겠는데 막상 칭찬하려고 하면 칭찬할 만한 것이 떠오르지 않는다. 상대방이 칭찬할 만한 것이 없어서가 아니다. 칭찬 소재를 찾는 연습이 안 되어 있고 어색하기 때문이다. 단지 무엇을 칭찬해야 할지 몰라서 그런 것뿐이다. 재력, 학벌, 집안 등 세속적인 것만으로 칭찬하는 것은 진부하고 반감을 살 수 있다. 이럴 때는 분야를 나누어서 생각하면 도움이 된다. 칭찬은 크게 물건, 외모, 행동 3분야로 나눌 수가 있다. 무엇을 칭찬해야 할지 모른다면 참고해보자.

먼저 물건이다. 상대가 입고 있는 옷, 신발, 액세서리나 책상 위의 소지품 등이 포함된다. 위대한 심리학자라고 불리는 매슬로우는 상대방이 '가장 칭찬받고 싶어 하는 부분'을 칭찬하면 인간관계에 큰 도움이 된다고 말했다. 자랑하고픈 소지품, 어제와 달라진 물건 등은 존재하기 마련이다. 달라지지 않았더라도 오늘따라 눈에 띄는 물건이 있을 수도 있다. 물건에 대한 이야기는 구입 방법, 사용 방법 등 대화 주제를 넓힐 가능성도 있다. 하지만 큰 칭찬 효과를 발휘하기는 어렵다. 상대에게 큰 의미가 담긴 물건이 아닐 확률이 크기 때문이다.

다음으로 외모는 눈에 쉽게 들어오는 부분을 칭찬하는 것이다. 단순히 잘생겼다, 이쁘다만을 말하는 것이 아니다. 목소리가 뚜렷해서 듣기 좋다, 눈이 초롱초롱하다, 머릿결이 좋다, 파마가 잘됐다, 피부가 좋다, 미소가 밝다 등 눈에 띄는 부분은 다양하다. 그러나 눈에 쉽게 띄는 부분에 대해 이야기하기 때문에 이미 들어봤던 흔한 칭찬이 될 수도 있다. 또한 콤플렉스가 있는 부분을 건들 수도 있기에 조심해야 한다. 외모를 칭찬할 때는 상대만의 특별한 점을 찾아 긍정적으로 말해주려는 노력이 필요하다.

마지막으로 행동이다. 성격의 장점, 상대가 방금 한 행동이나 말투, 제스처, 가치관, 인성, 감성 등을 칭찬할 수 있다. 행동을 효과적으로 칭찬하기 위해선 물건이나 외모보다 더 많은 관심과 노력이 필요하다. 상대와의 관계도 한 번 더 생각해야 한다. 그만큼 영향도 크고 깊이 남을 수 있는 칭찬이다. 그러나 행동 칭찬은 자칫하면 아랫사람을 평가, 판단하듯이 들릴 수 있다. 칭찬을 빙자한 격려, 조언처럼 느껴지지 않도록 주의해야 한다.

어떤 칭찬은 자칫하면 사람을 거만하게 만들 수도 있다. 대표적인 예로 "넌 재능은 있는데 노력을 안 해서 그래."라는 칭찬이다. 얼핏 들으면 재능이 있다는 칭찬처럼 들린다. 단지 노력을 안 했기에 원하는 바를 이루지 못했다고 칭찬 겸 격려 겸 쓰인다. 재능이 있으니 조금만 더 노력하면 좋겠다는 마음에 나오는 가장 쉬운 말이지만 이 문장은 높은 확률로 저주가 된다. 이런 칭찬을 들으면 사람은 오히려 자신의 재능에 거만해지고 노력을 미룰 가능성이 높아진다.

사실 무엇을 칭찬하든 칭찬을 들으면 기분이 좋다. 그러나 선천적인 것을 칭찬할수록 사람들은 오만에 빠지기 쉽다. 많은 사람들이 노력 없이 큰 것을 가지고 싶어 하는 욕망이 있기 때문이다. 특히, "넌 머리가 좋은 것 같아.", "넌 재능을 타고났어." 같은 선천적인 것에 대한 칭찬은 '난 남들보다 노력 없이 좋은 걸 타고났어.'라는 자만으로 게으름의 유혹에 빠진다. 칭찬 고수는 단순히 순간의 기분만 좋아지게 하는 것이 아니라 앞으로도 힘내어 발전할 수 있도록 칭찬한다. 그러기 위해서는 행동의 결과보다는 과정을 칭찬하는 것이 좋다.

칭찬은 행동, 외모, 물건 순으로 잔상이 오래 남는다. 아무리 가벼운 칭찬이라도 상대방의 기분을 좋게 해주는 효과는 있다. 그러나 잠깐의 분위기 띄우기를 넘어 오래 기억에 남는 칭찬을 하려면 더 많이 생각해봐야 한다. 힘이 나는 격려와 같은 칭찬도 마찬가지다. 칭찬은 칭찬을 한 당사자와 받은 사람 모두의 기억에 오래 남는다. 누군가의 기억 속에 좋은 사람으로 남겨진다는 것은 당신에게도 좋은 일이다. 따라서 나를 위해서도 칭찬을 아끼지 말자. 작은 기억들이 모여 나의 평판을 만들기 때문이다.

평범한 칭찬	발전하게 하는 칭찬
• 넌 머리가 좋은 것 같아.	• 열심히 노력하는 모습이 보기 좋아.
• 넌 말을 참 잘하는 것 같아.	• 네가 그런 말을 해줘서 분위기가 확 살았어.
• 역시 넌 뭐든 잘 아는구나.	• 다양한 경험을 많이 하려고 하니까 잘 아는 것도 많아지는구나.
• 너랑 있으면 기분이 좋아.	• 밝게 웃어주니 너랑 있으면 기분이 좋아.

-자신도 칭찬해주기

칭찬은 해줄 때도 있지만 받을 때도 있다. 좋은 칭찬을 해주는 것이 중요한 만큼 칭찬을 잘 받아주는 것도 중요하다. 칭찬받는 것이 익숙지 않아 칭찬을 긍정적으로 받아들이지 못하는 사람이 의외로 많다. 오만해보일까 봐 겸손하게 보이기 위해서 일단 아니라고 한다. 그러나 사실은 자기 자신을 제대로 칭찬해주지 못하는 것이다. 그렇다고 자화자찬이나 자랑을 떠벌리라는 것이 아니다. 칭찬을 제대로 받아들일 줄 아는 사람에게 또 칭찬해주고 싶은 마음이 생긴다.

칭찬을 들었을 때 부정적으로 반응하다 보면 상대방은 무안해진다. 그럼 상대방은 갈수록 칭찬을 덜 하게 된다. 오만해보이지 않으면서 상대방이 또 칭찬해주고 싶게끔 반응하는 방법은 무엇일까? 바로 인정과 감사다. 상대방은 당신의 좋은 점을 찾아 알려주어 당신을 기분 좋게 해주고 싶은 마음이 크다. 그러니 당신은 상대방의 안목을 인정하고 호의를 베풀어준 상대방의 마음에 감사해주자. 칭찬을 한 사람은 자신이 상대방을 기쁘게 해주었다는 생각에 다음에도 칭찬을 해주고 싶은 마음이 든다.

칭찬을 해준 사람의 기분을 좋게 해주는 것이 칭찬해준 사람에 대한 예의다. 칭찬을 긍정적으로 수용하고 상대방에게도 칭찬을 돌려주면 좋다. 지나친 겸손은 때로는 독이 된다. 상대방의 안목을 인정하고 자신의 가치를 믿어보자. 스스로에게도 칭찬을 많이 해주어야 한다. 칭찬은 자존감을 성장시킨다. 자존감이 높은 사람은 상대방을 더 진심으로 칭찬할 수 있다. 부끄러워하지 말고 가볍게 말하더라도 눈을 마주치며 감사를 분명하게 표현해보자.

<칭찬을 들었을 때의 반응>

부정적인 반응	긍정적 반응
• 무슨 소리야. 그런 거 아니야. • 아니에요. 아직 많이 부족합니다. • 거짓말하지 마. • 그걸 이제 알았냐? 내가 한 능력하지! • (못 들은 척 화제 돌리기)	• 진짜? 나도 몰랐던 부분인데, 덕분에 알았네. 고마워. • 그렇게 봐줘서 고마워. • 그렇게 생각해주셔서 감사해요. 앞으로도 계속 발전해야죠. • 감사합니다. ○○님도 이 부분은 정말 대단하신 것 같아요, • 그런 칭찬은 처음이라 인상 깊네요. 고마워요.

8

기분이 좋아지는 칭찬 방법 3가지가 있다

우리는 칭찬을 망설이기도 한다. 아부처럼 느껴지거나 부담스러울까 봐 걱정스럽기도 하고 상대방이 거만해질지도 모른다는 생각, 상대보다 우월하고 싶다는 생각 때문이다. 그럼에도 불구하고 우리는 먼저 칭찬을 해야 한다. 아부처럼 느껴지지 않는 칭찬을 해야 한다. 상대방이 거만해지지 않도록 칭찬하는 방법을 알아야 한다. 상대도 당신도 윈윈할 수 있는 칭찬을 해야 한다. 칭찬은 당신의 걱정보다 훨씬 긍정적인 효과를 불러일으키기 때문이다. 칭찬의 중요성을 먼저 깨달아야 한다.

한편, 칭찬을 들어도 기분이 썩 좋지 않을 때가 있다. 진심이 제대로 담기지 않았거나, 잘 전달되지 않아서이다. 따라서 칭찬을 할 때는 진심을 제대로 전달하여 듣는 이가 기분이 좋아져야 한다. 기분이 좋아지는 칭찬은 어떤 것일까? 어떻게 칭찬해야 진심이 잘 전달되고, 듣는 사람을 만족시킴과 동시에 나도 기쁨을 느낄 수 있을까?

1) 인상 깊은 칭찬하기

평범한 칭찬	인상 깊은 칭찬
예쁘게 생겼네.	눈이 까맣고 동그란 게 꼭 백설 공주 같아.
진짜 맛있어. 요리 잘한다!	기가 막힌다! 완전 셰프가 따로 없네?
넌 참 대단한 것 같다.	끝까지 포기하지 않았다는 게 정말 대단해.
넌 감각이 있어. 잘할 수 있어.	문맥을 이해하는 능력이 좋은 것 같아. 그러니 네가 원하는 작가가 될 수 있어.

인상 깊은 칭찬이라고 해서 부담 가질 필요가 없다. 말 잘하고 특출한 사람만이 인상 깊은 칭찬을 할 수 있는 것이 아니다. 딱 두 가지만 기억하면 된다. 감탄과 창의성이다. 감탄은 표정과 목소리에서 나온다. 습관적 칭찬이 아닌 진심으로 터져 나온 칭찬이라는 것을 보여줘야 한다. 밝은 표정 혹은 깜

짝 놀란 표정과 말투는 진심을 전하기에 충분하다. 창의성은 표현력과 어휘력이다. 거창한 창의력일 필요 없다. 스스로 표현도 잘 못 하고 어휘력도 부족하다고 생각하지 말자. 못 하는 것이 아니라 상대를 기쁘게 해줄 표현이나 단어를 찾기 귀찮은 것이다.

조금만 신경 써도 남들과는 다른 인상 깊은 칭찬을 할 수 있다. 일단 구체적인 언어로 칭찬해야 한다. 칭찬을 쪼개서 무엇을, 어떻게 해서, 왜 칭찬하는 건지 풀어서 말해본다. 습관처럼 쓰던 단어가 아니라 새로운 단어를 쓰려고 해 보자. 평범한 칭찬도 새로운 단어를 결합해 만들어보는 연습을 해 보자. 대조, 비유로 칭찬하거나 강조법을 쓰는 것도 효과적이다. 칭찬의 방법을 다양화하는 것도 한 방법이다. 말로도 칭찬할 수 있지만 글로도 보낼 수 있다. 글은 두고두고 다시 볼 수 있기 때문에 잔상이 더 깊게 남고 진정성 있게 느껴진다. 조금의 훈련으로 충분히 창의적인 칭찬을 만들 수 있다.

2) 신뢰가 가는 칭찬하기

누리　　다영아, 넌 진짜 정리를 꼼꼼하게 잘한다~

다영　뭐? 아니야~ 맨날 덜렁거리는 걸.

누리　서류를 카테고리별로 깔끔하게 분류해놓은 걸 보니 정리를 엄청 잘하는 것 같은걸?

다영　그런가? 난 그냥 보기 편한 게 좋더라고.

누리　응! 진짜 보기 좋아.

다영　ㅎㅎ 고마워.

칭찬을 신뢰하려면 진정성이 필요하다. 진정성이 없다면 칭찬보다는 아부에 가깝다. 때로는 칭찬한 부분이 상대방의 콤플렉스거나 상대가 장점이라고 생각지 못한 부분일 수도 있다. 상대방은 칭찬의 진심에 의심을 품게 되고 칭찬의 역효과가 난다. 만약 당신이 진심으로 한 칭찬을 의심받는다면 끝까지 밀어붙여야 한다. 더 구체적인 이유를 대며 상대방의 의심을 안도, 확신으로 바꿔주려는 노력이 필요하다. 그러나 같은 것에 과하게 반복 칭찬하는 것은 아무리 진심이라도 점점 신뢰가 떨어진다. 남들에게 모두 하는 것 같은 습관성 칭찬도 진정성이 느껴지기가 힘들다. 같은 칭찬을 하더라도 사람에 따라, 상황에 따라 그때그때 다르게 해야 한다.

진정성 있는 칭찬에는 솔직함도 필요하다. 무작정 칭찬만 하는 것이 아니라 부족한 부분을 인정하기도 해야 한다. 뒤에서 칭찬하는 것도 진정성을 느끼게 하기에 좋은 방법이다. 뒷말은 파국을 가져오지만 뒤에서 칭찬하는 것은 진심으로 와 닿는다. 나중에 이 사실을 알게 된 당사자는 칭찬한 사람에 대한 호감도와 신뢰도가 급상승하게 된다. 칭찬받는 사람이 "이 사람은 나에게 환심을 사기 위해 무작정 칭찬하는 것이 아니라 나의 이 부분을 진짜 좋게 보고 있구나."라고 생각하게 해야 한다.

3) 듣고 싶은 칭찬하기

원준 덩치가 점점 좋아지는 것 같다. 요즘 헬스 자주 가?

재구 티 나? 요즘 등이랑 어깨 운동 열심히 하고 있어.

원준 응, 진짜 점점 태가 난다. 멋있어. 식단도 병행하는 거야?

재구 따로 하는 건 아닌데 단백질 위주로 먹으려고 하고 있어. 여름 준비해야지!

원준 여름에 장난 아니겠는데? 기대한다!

재구 노력해야지. 고마워~

살다 보면 누가 물어봐줬으면, 알아채줬으면 하는 것들이 있다. 누구나 이야기하고 싶고 공유하고 싶은 주제가 있다. 그러나 먼저 말을 꺼내기에는 자랑 같아 민망하다. 혹은 다들 관심이 없는데 혼자만 너무 떠드는 건가 싶어 조심스럽기도 하다. 칭찬의 효과는 이런 자랑하고 싶은 것들을 알아채고 칭찬할 때 효과가 배가 된다. 이런 부분은 꼭 칭찬이 아니더라도 알아채고 화두를 던져주는 것만으로 효과가 좋다. 그런 후 대화하면서 상대를 인정하고 존중하는 말로 답변해주어야 한다. 부담스럽지 않고 자연스럽게 칭찬할 수 있는 방법이다.

칭찬은 타이밍에 따라서도 파급력이 달라진다. 타이밍에

는 세 가지가 있다. 첫 번째는 앞서 언급했던 상대가 말하고 싶은 타이밍이다. 상대가 무엇을 말하고 싶은지, 자랑하고 싶은지 알아채는 것은 상당한 관심과 애정이 필요한 일이다. 평소 대화 속에서 상대방에 대한 정보를 많이 수집해놔야 한다. 두 번째는 칭찬할 거리가 보이자마자이다. 요리가 맛있었다는 칭찬을 며칠 뒤에 해 봤자 큰 감흥이 없다. 바로 그 상황, 그때, 즉시 칭찬해야 고마움을 크게 느낀다. 마지막은 상대방이 기분 좋을 때이다. 아무리 좋은 칭찬이라도 상대가 칭찬받을 여유가 없는 바쁜 상황이라면 효과는 반감된다. 시간적, 심리적 여유가 있을 때 듣는 칭찬이 더 기분이 좋고 미소가 나온다.

※ 칭찬 Tip

1. 질문을 통한 칭찬("오, 그거 정말 새로운 아이디어인데?")

질문 같은 칭찬의 장점은 상대가 질문에 대답하면서 칭찬을 자연스럽게 받아들이기 쉽다는 것이다. 또한 칭찬을 토대로 대화를 자연스럽게 이어나가기도 좋다. 질문을 가장한 칭찬 후에는 상대방의 말에 계속해서 경청하며 상대방의 인정 욕구를 충족시켜주는 태도가 필요하다.

2. 좋은 의미를 가진 단어 비유("집중하는 모습이 실력 있는 전문가 같아 보여.")

좋게 느낀 부분을 다른 긍정적 의미를 가진 단어에 비유하면 칭찬을 시각화할 수 있다. 칭찬의 시각화는 머리에 더 인상 깊게 기억된다. 주의할 점은 사람마다 다른 이미지를 연상할 수 있는 애매한 단어를 사용하면 칭찬으로 들리지 않는다.

3. 이름을 부르며 칭찬("○○야, 넌 미소가 참 예쁜 것 같아.")

칭찬할 때 이름을 넣어주면 친밀감은 물론이고, 이 칭찬이 본인만을 위한 칭찬이라고 느낄 수 있다. 또한 칭찬을 긍정적으로 잘 받아들일 수 있다.

“9”

좋은 대화를 이끄는 좋은 질문들이 있다

업무에서나 일상에서 좋은 대화란 무엇일까? 기분이 좋아지는 대화, 웃음이 나는 대화, 속 깊은 마음을 나눌 수 있는 대화, 대화 후에 힘이 나는 대화가 좋은 대화들이다. 이런 대화를 위해 사람들은 술의 힘을 빌리기도 한다. 호감 가는 사람, 말이 잘 통하는 사람과 말하면 좋은 대화였다고 느끼기 쉽다. 나 혼자 말을 잘하기 위해 노력한다고 좋은 대화가 되지 않는다. 대화는 쌍방향으로 오가는 것이기 때문이다. 그러기 위해선 질문을 잘해야 한다. 어떤 질문을 하느냐에 따라 대화가 단절될 수도 있고 마음을 이끌어낼 수도 있다. 질문은 목적에 따라 형식과 방법이 다양하다. 그러나 일상에서나 업무에서나 기분 좋고 발전적인 대화를 이끄는 질문들은 공통점이 있다.

1) 대화를 이어나가는 질문

대화법에 조금이라도 관심이 있는 사람은 '열린 질문', '닫힌 질문'이라는 것을 들어봤을 것이다. '열린 질문'은 상대방에게 주도권을 주는 질문이다. 상담학에서는 내담자가 자신의 생각과 감정을 자신만의 방식으로 자유롭게 표현하도록 도와주는 질문을 뜻한다. 반대로 '닫힌 질문'은 "예", "아니오" 혹은 간단한 단답으로 대답할 수 있는 제한적인 질문이다. 구체적이고 빠르게 원하는 대답을 얻고 싶을 때는 효율적인 질문법이다. 대화는 맥락이 중요하기 때문에 항상 어느 것이 좋다고 말할 수 없다. 두 질문을 번갈아가며 효과적으로 쓰는 것이 좋다.

'반열린 질문'을 사용하는 것도 좋다. 너무 열린 질문은 상대방에게 막연함을 심어주어 대답하기 힘들게 할 수 있다. "행복이 무엇이라고 생각하세요?", "인간은 어떤 존재일까요?" 등 추상적인 것, 철학적인 것들이 보통 그렇다. '반열린 질문'은 여기서 조금 더 구체적으로 들어간다. 예를 들면 "무엇을 했을 때 행복하다고 느꼈나요?", "우주의 관점으로 봤을 때 인간은 어떤 존재일까요?"처럼 직접 경험한 것 혹은 질문을 조금만 더 구체화해줘도 된다. 반쯤 열린 질문은 막연함을 구체화되어 상대방이 대답하기가 수월해진다. 상대방이 이야기하는 흥미로운 정보들을 충분히 수집하여 대화를 이어나갈 수 있게 해준다.

닫힌 질문	반열린 질문	열린 질문
• 잘 지냈어? • 올해 동생이 몇 살이니? • 아이유 노래 좋아해? • 몇 시에 출발해? • 핸드폰 기종이 뭐야?	• 요즘 하는 일은 잘 돼? • 동생은 요즘 뭐해? • 아이유 노래 어떤 점이 맘에 들어? • 날씨가 좋을 때 가고 싶은 곳이 있어?	• 잘 산다는 건 무엇이라고 생각해? • 10년 후 계획이 뭐야? • 아이유 노래에 대해 어떻게 생각해? • 하늘을 보면 뭐가 떠올라?

2) 상대방을 위한 질문

질문은 취조와 다르다. 대화를 이어나가고자 질문만 계속 던지면 어느 순간 부담스러워진다. 상대방과의 친밀도, 심리적 거리도 고려하여 질문을 해야 한다. 낯선 사람이 사적인 질문을 하면 누구라도 부담스럽다. 대화를 통해 깊은 관계를 맺기 위해선 나의 궁금증을 해결하기 위한 질문이 아니라 상대방을 위한 질문을 해야 한다. 상대방이 말하고 싶어 하는 것을 질문하는 것이다. 또한 질문을 하면서 자신도 노출해야 경계가 풀어진다. 꼬치꼬치 캐물으면 상대는 방어적인 태도를 취한다. 일방적으로 질문만 할 때 이런 일이 생긴다. 일방적인 질문은 오히려 대화가 단절된다.

나의 속도가 아니라 상대방의 속도에 맞춰서 대화해야 한다. 질문을 하고 반응을 살피며 상대의 표정이 밝아지고 말이 많아지는 주제를 찾아야 한다. 상대방이 한 말 중에 이어나갈 만한 정보를 찾아 후속 질문을 해야 한다. 그리고 그 주제에 대해 적당히 나의 이야기도 곁들여야 한다. 이때 나의 이야기를 하고 난 뒤 다시 질문해주는 것이 좋다. 그렇지 않으면 어느새 혼자만 떠들고 있을지도 모른다. 질문 후에는 상대방의 말 속에서 감정 정보를 찾아내어 고개를 끄덕이거나 "~했겠어요.", "~이런 마음이었을 것 같아요." 하며 공감해주며 경청해야 한다. 일방적인 질문보다 훨씬 풍부한 대화가 될 수 있다.

가장 좋은 질문은 행복한 기억을 떠올리고, 자부심을 느끼게 하는 질문이다. 좋은 기억을 떠오르게 하는 질문은 좋은 기분의 대답을 불러일으킨다. 칭찬을 질문으로 바꿀 수도 있다. 기분은 대화의 분위기를 만든다. 기분이 좋아야 대화가 즐거워진다. 말하면서 분위기가 밝아지고 대화 후에는 즐거운 인상만 남는다. "어쩜 이렇게 요리가 맛있어?", "그 프로젝트를 성공시킨 비결이 뭐예요?" 자부심을 느끼게 하는 질문은 상대방의 자존감을 키워주는 데도 도움이 된다.

<일방적 질문>

원준 밥 먹고 뭐해?

혜린 요즘에 코딩에 관심이 생겨서, 취미 삼아 공부해보고 있어.

원준 코딩이 뭐야?

혜린 컴퓨터의 언어라고 할 수 있지.

원준 따로 강의 듣는 거야?

혜린 그냥 책 보면서 독학해.

원준 책을 산 거야?

혜린 응.

원준 책은 어디서 산 거야?

혜린 인터넷에서.

<소통의 질문>

원준 밥 먹고 뭐해?

혜린 요즘에 코딩에 관심이 생겨서, 취미 삼아 공부해보고 있어.

원준 코딩? 난 코딩은 처음 들어봐. 코딩이 뭐야?

혜린 컴퓨터의 언어를 배우는 거야.

원준 우와. 제2외국어 같은 느낌이겠는걸! 나도 흥미가 생긴다. 따로 강의 듣는 거야?

혜린　　맞아. 내가 새로운 것을 배우는 걸 좋아해서 재미있어. 책으로 독학 중이야.

원준　　책으로 독학하다니. 대단하다. 그런 책은 어디서 사? 나도 한 번 읽어봐야겠어.

혜린　　인터넷으로 샀는데, 원하면 빌려줄까? 난 거의 다 봤어.

원준　　그럼 너무 고맙지~

3) 변화를 만들어내는 질문

질문에는 과거를 바라보는 질문과 미래를 바라보는 질문이 있다. 어떤 질문이 변화를 만들어 낼 수 있을까? 과거에 머무는 질문은 더 나은 미래를 만들기 힘들다. 과거에 대한 질문은 사실 확인용으로만 쓰는 것이 좋다. 미래를 바꾸고 싶다면 똑같은 질문이라도 미래를 보는 질문을 해야 한다. 이 질문은 갈등 혹은 문제 상황이 생겼을 때 특히 효과적이다.

예를 들면 피드백 받을 때를 생각해보자. 요구하지도 않은 피드백을 주면 상대방은 기분이 언짢아진다. 아무리 건설적인 피드백이라도 듣는 사람은 왠지 잘못한 기분이 든다. 피드백을 해주는 사람도 부담스럽긴 마찬가지다. 내 말이 기분 나

뻐게 들리진 않을까 걱정하게 된다. 이때 피드백을 과거 행동이 아닌 미래 질문으로 바꾸면 도움이 된다. "아까 제 발표는 어땠나요?"라고 말하는 것보다 "다음엔 더 잘하고 싶은데, 어떤 부분을 보완하면 될까요?"라고 말하는 것이 훨씬 피드백을 받기에도 해주기에도 편하다. 상대방의 의견을 묻고 싶을 때는 조언을 구하듯이 물어보는 것이 효과가 좋다.

우리의 하루는 수많은 대화들로 채워진다. 그러나 진심을 나누는 진짜 대화는 그중에 얼마나 될까? 글로벌 컨설팅 회사인 컨버서트는 우리가 나누는 대화를 진짜 대화, 가짜 대화로 구분했다. 가짜 대화는 앞뒤가 다른 '척하는 말'이다. 듣고는 있지만 속으로는 상대방이 틀리고 자신은 옳다고 생각하는 대화도 가짜 대화이다. 진짜 대화는 사실을 바탕으로 좋은 방향을 찾아나가는 똑똑한 대화, 자신의 소신을 지키면서 상대방의 견해도 관심 있게 들어주는 진정성 대화가 있다.

가장 좋은 것은 진정성 대화이다. 우리는 발전적이고 진정성 있는 대화를 위해 3가지 질문을 잘 던져야 한다. 상대방이 생각하는 가장 중요한 것, 가장 걱정되는 것, 현재 상황을 어떤 관점으로 보고 있는가에 대해서 물어야 한다. 그러면서 나에게 가장 중요한 것, 내가 걱정되는 것, 나의 관점도 이야기해야 한다. 하나씩 대조하며 타협점을 찾아봐야 한다. 나를 알리고 상대도 알아야 진정한 대화를 할 수 있다.

과거를 묻는 질문	미래를 보는 질문
• 내가 뭘 잘못했는데? • 그때의 실수는 무엇 때문이었어? • 그건 왜 실패했던 건가요? • 내가 그때 하지 말라고 했지?! • 그래서 아까 무엇을 하라고 하신 거죠?	• 우리가 어떻게 하면 더 좋아질 수 있을까? • 똑같은 실수를 반복하지 않으려면 어떻게 해야 할까? • 다음에 성공하려면 어떤 점을 개선해야 할까요? • 이왕 이렇게 됐으니 앞으로 어떻게 해야 할까? • 지금 가장 우선시해야 할 것은 무엇인가요?

- 질문을 하는 태도

질문을 할 때는 태도도 중요하다. 특히 대답하기 어려운 질문을 하게 될 때는 더욱 중요하다. 상대방의 입장을 생각해보며 예의를 갖춰 질문을 해야 한다. 대답하기 어려운 상대방의 감정에 공감해주는 것이 좋다. "대답하기 어려우시겠지만, 굳이 한 가지만 선택한다면 무엇인가요?"처럼 "(상대방의 입장, 감정)이겠지만, ~인가요?"라는 구조를 쓰는 것이 도움이 된다.

“10”

긍정적인 이야기를 하면 나의 인지도가 올라간다

주변에 평판이 좋은 사람들을 떠올려보자. 그들을 생각하면 긍정적인 이미지가 떠오른다. 같이 있으면 기분이 좋다. 평판이 좋은 사람들은 대체로 긍정적인 사람들이다. 평소에 긍정적인 말과 행동을 주변에 많이 보여주었기에 사람들이 그들을 긍정적으로 평가하고 있는 것이다. 말은 부메랑이다. 지금 내뱉은 말이 돌고 돌아 결국 우리한테 돌아온다. 평소에 자주 쓰는 말이 무엇인지 점검해보자. 긍정적인 말이 더 많은가, 부정적인 말이 더 많은가? 그에 따라 우리의 평판이 달라진다.

<부정적인 말>

난 못 해.	어려워. 하기 싫어.	피곤해.
짜증 나.	X같네.	현실이 그런 걸 어떡해?
힘들어 죽겠어.	이것밖에 못해?	대체 몇 번이나 말해?
왜 항상 그런 식이야?	그걸 지금 말이라고 해?	설마 했는데 역시나구나?

부정적인 말은 습관이 되기 쉽다. 깊이 생각하지 않고 감정을 그대로 노출하는 것이 더 편하기 때문이다. 그래서 부정적

인 말투를 달고 사는 사람들은 문제 상황에서 해결보다는 짜증을 내기 바쁘다. 감정이 담긴 말은 주변으로 감정이 전염된다. 하버드대학의 긍정심리학 교수인 크리스토크 타키스는 긍정적인 감정이 전염될 확률은 2%이지만, 부정적인 감정이 전염될 확률은 최대 5.6%라고 했다. 부정적인 감정이 두 배 이상 전염이 잘 된다는 것이다. 당신이 짜증 난다고 말하면 상대방은 당신 때문에 짜증이 생길 수 있다. 짜증 내는 사람과 함께 있으면 자연스럽게 우리의 기분도 전염된다.

부정적인 말은 매우 조심히 해야 한다. 부정적인 말을 꺼내게 되면 더 많은 긍정적인 말을 해야 한다. 노스캐롤라이나 대학교의 심리학과 교수인 바버라 프레드릭슨은 그의 저서 『긍정의 발견』에서 말한다. "부정적 정서를 한 번 경험하면 최소한 세 번은 긍정적인 정서를 경험하라." 실제로 그의 실험에서 평범한 사람들은 긍정과 부정의 태도 비율이 1:1이나 2:1이었지만, 성공한 사람들은 그 비율이 3:1이었다. 대화를 하면서 부정적인 감정이 느껴지면 감정을 먼저 알아채고, 멈추고, 긍정적으로 바꿔야 한다. 그래야 주변 사람에게 전염되지 않고 어려운 상황도 극복할 수 있다.

〈상황1〉

아들 엄마, 나 서울대 갈 거야.

엄마 네가? 그럼 진작 공부를 열심히 했어야지!

아들 지금부터라도 열심히 하면 되지.

엄마 퍽이나 열심히 하겠다. 한번 잘 해 봐라. 지켜본다?

〈상황2〉

아들 엄마, 나 서울대 갈 거야.

엄마 우와, 서울대? 서울대를 가려면 어떻게 공부를 해야 할까?

아들 지금까지 많이 놀았으니까 앞으로 더 열심히 해야지.

엄마 훌륭해. 엄마는 네가 열심히 한다면 충분히 할 수 있을 거라고 믿어.

모든 것을 전부 괜찮다고 하는 것이 긍정적인 것은 아니다. 긍정적인 것은 마음가짐을 바로 잡는 것이다. 어려움에 처했을 때 변명이 아니라 현실을 인정하고 발전해나가려고 하는 태도, 할 수 있다고 스스로를 믿는 것이 긍정적인 태도이다. 이런 태도는 주변 사람에게도 영향을 미친다. 매사에 긍정적인 사람은 칭찬과 격려를 아끼지 않는다. 그들과 함께라면 즐겁고, 힘든 일도 헤쳐 나갈 수 있을 것만 같은 믿음이 생긴다. 할 수 있을 것 같은 자신감이 생긴다. 자연스럽게 사람들은 긍정적인 사람과 함께하고 싶어진다.

긍정적인 이야기를 하면 주변 사람들에게도 좋은 영향을 끼친다는 것은 심리학에서도 입증되었다. 피그말리온 효과는 기대하는 것, 예측하는 것이 실제로 일어나게 된다는 심리학 용어다. 긍정적으로 기대와 믿음을 가지고 이야기할수록 그와 관련된 행동을 하게 되고 기대가 현실이 된다. 피그말리온 효과는 하버드대 심리학 교수인 로버트 로젠탈의 로젠탈 효과와도 일맥상통한다. 로젠탈 효과는 긍정적인 기대와 격려가 주변 사람들을 긍정적으로 이끄는 것을 말하는 용어이다. 긍정적으로 이야기할수록 상대방도 몰랐던 그들의 잠재력도 발견할 수 있다.

긍정적으로 말하는 것은 결국 당신의 이미지도 좋아지게 만든다. 누군가 당신 주변의 것들에 대해 물었을 때 어떻게 이야기하느냐에 따라 당신을 보는 시선이 달라진다. 예를 들어 두 명의 목수에게 "당신의 직업이 무엇인가요?"라는 질문을 했다. 두 목수의 능력은 비슷하지만 대답은 달랐다. 한 명은 “아주 힘든 노가다 현장에서 일합니다.”라고 했고 한 명은 “사람들에게 안전하고 편안한 공간을 만들어주는 일을 합니다.” 라고 했다. 당신은 어떤 목수가 만든 집에서 지내고 싶은가? 사람들은 자신의 일에 자부심을 갖고 이야기하는 사람을 높이 평가한다.

이 효과는 주변 인물에 대해 말할 때도 똑같이 적용된다. 주변 인물을 소중하게 대하는 사람에게 신뢰가 간다. 항상 누군가에 대한 불평불만을 자주 이야기하는 사람이 있다. “걔는 이런 단점이 있더라.”, “그 친구는 저게 문제야.”, “저 사람이 무슨 잘못을 했다더라.”라며 주변 사람의 부정적인 면만을 이야기한다. 남을 깎아내리면서 자신을 높이는 말을 하면 자신이 높아 보일 것 같지만 사실은 그렇지 않다. 오히려 더 없어 보일 뿐이다. 자신에 대한 평가를 높이려면 주변 사람들도 높이 평가해주어야 한다.

〈상황1〉

아내　　설거지 좀 해.

남편 나 피곤한데….

아내 내가 요리했으니까 네가 설거지해야지.

남편 알겠어.

〈상황2〉

아내 밥 다 먹었으니 설거지 좀 할까?

남편 나 피곤한데….

아내 깨끗이 씻어줘야 나도 기분 좋게 맛있는 요리 또 해주지~

남편 하하 맞아. 맛있는 요리 또 먹어야지. 설거지할게.

마케팅 효과 중에 '프레이밍 효과'라는 것이 있다. 프레이밍은 똑같은 제품, 똑같은 의미의 문구라도 전달방식을 조금만 바꾸면 소비자들의 심리가 매우 달라진다는 것을 설명하는 용어이다. 이 효과는 일상생활에서도 통한다. 같은 의미라도 전달방식에 따라 받아들이는 사람의 심리를 다르게 건드린다. 따라서 말을 할 때 최대한 상대방이 우리의 말을 긍정적으로 들을 수 있도록 프레이밍해야 한다. 단어, 표현을 대충 생각할수록 상대방의 심기를 건드릴 확률이 많아진다. 상대방 입장에서 어떻게 들릴지 한 번 더 생각해보는 자세가 필요하다. 상대방이 중요한 사람처럼 느껴지게 말해야 한다. 조금만 신경 쓰면 충분히 긍정적으로 말할 수 있다.

단어의 표현을 긍정적으로 바꿔 말하면 생각과 기분도 달라진다. 라이프코치이자 심리학자인 토니 로빈스는 이러한 현상을 만드는 단어를 '변경어휘'라고 불렀다. 변경어휘는 같은 의미라도 분위기를 바꿔준다. 예를 들면 업무처리에 빈틈이 없는 사람을 두고 '깐깐한 사람'이라고 하는 것과 '꼼꼼한 사람'이라고 표현하는 것의 느낌은 매우 다르다. 특히 변경어휘는 감정 단어에 효과가 크다. 단어를 극단적으로 사용할수록 감정도 덩달아 격해진다. '항상', '매번' 같은 단어를 덧붙이는 것도 마찬가지다. "매일 힘들어."라고 말하면 매일 힘이 나지 않는다. "보람 있어."라고 말하면 힘들어도 힘이 난다. 한 단계 나아갈 수 있다.

<긍정적인 말투를 위한 습관 기르기>

1. 무의식적으로 부정적인 표현을 썼을 때 알아차리기
2. 무의식적으로 부정적인 표현을 쓰려고 할 때 멈추기
3. 부정적인 표현을 긍정적인 표현으로 바꿔보기

부정적 표현	긍정적 표현
• 너는 지금 그게 문제야.	• 우린 이 문제에 도전할 필요성이 있어.
• 그게 될 거라고 생각해?	• 나는 이 부분이 조금 걱정돼.
• 난 못 해.	• 이 부분을 도와주면 할 수 있을 것 같아.
• 하기 싫어.	• 이건 기회야.
• 난 왜 항상 이럴까.	• 난 왜 한 번씩 이럴까.
• 대체 몇 번이나 말해?	• 여러 번 말했으니 신경 좀 써줄래?
• 바빠, 피곤해.	• 열심히 일하는 중이야. 보람 차다.

“11”

똑같은 주제라도 다른 관점으로 이야기하면 매력이 올라간다

같은 주제를 다른 관점에서 이야기하는 것은 잠재적인 매력을 증가시키는 데 효과적이다. 또한 말을 잘하는 사람으로 인식되게 한다. 다양한 관점에서 말할 수 있다는 것은 그 주제에 대해 열린 마음을 가지고 있다는 것을 보여주는 것이다. 다른 관점으로 말하기 위해서는 비판적인 생각이 필요하기에 사려 깊고 지적인 인상을 남기기도 한다. 대화에 집중하고 있는 느낌도 준다. 창의적이고 통찰력 있는 사람으로 보이게도 만든다. 한 번 더 이야기해보고 싶은 사람이 된다.

평범한 말	같은 의미의 명언
꾸준해야 한다.	성공은 최종적인 것이 아니며, 실패는 치명적인 것이 아니다. 계속하는 용기가 중요하다. - 윈스턴 처칠
실패해도 포기하지 마라.	삶의 가장 큰 영광은 절대로 떨어지지 않는 것이 아니라, 우리가 떨어질 때마다 일어서는 데 있다. - 넬슨 만델라
두려움을 이겨내라.	당신이 원하는 모든 것은 두려움의 반대편에 있다. - 잭 캔필드
모든 것은 변화한다.	유일한 상수는 변화이다. - 헤라클레이토스
어려움을 극복해라.	모든 어려움 가운데에는 기회가 있다. - 알버트 아인슈타인

비판적 사고는 말을 훨씬 개성 있게 만들어준다. 흔하고 뻔한 말이라도 더 구체적이고 고급스럽게 만들어준다. 같은 의미이지만 살짝만 다른 관점으로 이야기해줘도 더 와닿게 느껴진다. 대부분의 속담과 명언은 조상 혹은 위인들의 비판적이고 통찰력 있는 사고를 바탕으로 만들어진다. 비판적 사고는 다른 관점으로 이야기하기 위한 필요 요소이다.

한편, 비판적 사고는 비관적 사고와 다르다. 비관적 사고는 부정적인 미래를 그리는 것이다. 문제를 부정적으로만 바라보면 문제 해결에 집중하지 못할 수 있다. 그러나 비판적 사고는 당연하게 여겨지는 관행이나 관습을 세습하지 않고 자신만의 논리와 주관으로 판단해보는 것이다. 주어진 정보를 분석하고 평가해보는 능동적인 능력이다. 비관적 사고가 아닌 비판적 사고를 길러야 한다.

비판적 사고는 학문, 업무, 일상 등 어느 분야에서든 의사결정이나 의사소통을 할 때 많은 도움을 준다. 단순히 감정이나 편견에 휩쓸리지 않기 위해 비판적으로 생각할 수 있어야 한다. 특히 요즘 같은 정보의 홍수 시대에 무분별하게 주어진 정보가 사실인지 아닌지 구분하기 위해서도 꼭 훈련해야 할 능력이다. 비판적으로 생각하기 위해서는 연습하는 과정이 필요하다. 방법은 다음과 같다.

먼저 당연하게 생각되는 주장에 "왜?"라는 질문을 던져보라. 보통 사람들은 모두가 옳다고 하면 큰 의심 없이 그것이 옳다고 믿는다. 관습을 의심해보아야 한다. 두 번째는 주장에 대한 근거가 타당한지 평가해본다. 어떤 근거가 있는지, 신뢰할 수 있는 근거인지, 모순되는 근거는 없는지 자문해본다. 세

번째는 대안적인 관점에서 살펴본다. 다양한 관점에서 주장을 해석해보려는 노력이 필요하다. 새로운 관점을 제시했을 때 논리적인지 결함은 없는지 검토해봐야 한다. 마지막으로는 문제 해결 방안에 대해 생각해봐야 한다. 종종 비판적 사고는 문제를 해결하기 위해 요구된다. 끊임없이 생각하고 다양한 관점을 추구하려는 의지가 필요하다.

A 저번에 갔던 피크닉은 어땠어?

B 엄청 좋았어! 그날 하늘이 물감으로 칠한 것 같은 파랑색이었어.

A 하늘이 진짜 예뻤겠다!

B 사무실에 쾌쾌하게 있다가 맑은 공기 마시니까 진짜 상쾌하더라!

A 진짜 그랬겠다! 네 얘기를 들으니까 나도 날 좋을 때 피크닉 가고 싶어.

B 다음에 같이 가보자. ㅎㅎ 머리가 시원해질 거야.

근본적으로 비판적인 사고 역량을 키우기 위해선 독서를 많이 하고 고찰해봐야 한다. 많은 경험도 해 봐야 한다. 하루아침에 비판적 사고를 기르기란 쉽지 않다. 그렇다고 꼭 오랜 노력이 필요한 것은 아니다. 일상 대화의 클리셰를 깨뜨리면 색다르게 말할 수 있다. 클리셰란 드라마나 영화에서 진부한 표현, 상투적인 줄거리, 판에 박힌 대화 등을 말할 때 주로 쓰이는 용어이다. 대화를 할 때도 많은 클리셰가 있다. 뻔히 예상되는 대화 패턴에서 단어표현이나 문장구조만 조금 바꿔줘도 충분히 식상하지 않은 대화가 될 수 있다.

대표적으로 비유법, 대조법, 역설법, 완서법을 주로 사용할 수 있다. 비유법은 추상적이거나 두리뭉실한 이미지를 다른 물체에 비유하여 표현하는 것이다. 말하고자 하는 바를 구체화하거나 시각화해 상대방의 이해를 도울 수 있다. 대조법은 의미가 반대되는 두 가지 대상을 함께 말하여 그 의미가 두드러져 보이게 표현하는 것이다. 역설법은 모순되는 말 같아 보이지만 그 너머에 진리가 담겨 있는 표현법을 말한다. 두 방법 모두 말하고자 하는 의도를 이해하기 쉽게 강조하는 역할을 한다. 완서법은 직접적으로 "그렇다.", "아니다."라고 말하지 않고 "아닌 건 아니다.", "하지 않을 이유가 없다."라고 부정을 부정하는 방법이다. 맥락에 따라 조심스럽게 말하거나 강조하기 위해 사용된다. 단, 자칫 답답해 보일 수 있는 상황을 주의해야 한다.

구분	예
비유법	• 시간은 금이다. • 마음이 바다처럼 넓다.
대조법	• 노력은 쓰지만 열매는 달다. • 달면 삼키고 쓰면 뱉는다.
역설법	• 지는 것이 이기는 것이다. • 자신을 높이는 사람은 낮아지고 자신을 낮추는 사람은 높아진다.
완서법	• 안 좋을 리가 없어요. • 기분이 좋은 건 아니에요.

A 요즘 달콤한 게 너무 좋아. 나도 모르게 계속 먹고 있어.

B 달콤한 게 계속 들어가? 달콤한 걸 먹으면 기분이 좋아지잖아!

A 그러니까 말이야. 밥을 먹어도 꼭 디저트가 땡기더라고!

B 나도 가끔 그럴 때가 있어. 밥 배 따로 디저트 배 따로 있는 것 같다니까?

A 하하 맞아. 요즘은 와플이 그렇게 맛있더라고!

B 와플에 아이스크림 얹어서 커피랑 먹으면 크~

A 최고지.

상대방의 말에 리액션을 할 때도 "오!", "맞아 맞아", "그렇구나."만 반복하면 상대방은 자신의 말에 관심이 없다고 느낄 수 있다. 조금만 더 주의를 기울여 패러프레이징을 사용하면 식상하지도 않고 색다르게 반응할 수 있다. 패러프레이징이란 상대방이 한 말을 같은 의미지만 자신만의 언어로 바꾸어 다시 말하는 것을 말한다. "환언 복창"이라고도 부른다. 『어색해서 무슨 말을 해야 할지 모르겠어』의 저자 가와시마 다쓰시는 TV 프로그램 출연자의 말과 리액션을 관찰 기록하며 알게 된 사실이 있다고 한다. 바로 달변가는 말하는 내용의 30%가 패러프레이징이라는 것이다.

패러프레이징은 어설픈 맞장구보다 상대방에게 경청하고 있다는 느낌을 준다. 내용을 잘 이해했다는 것을 표현할 때도 효과적이다. 또한, 상대방이 미처 의도대로 표현하지 못한 부분을 분명하게 확인할 수도 있다. 이 과정에서 상대방의 의도가 제대로 전달되지 못한 부분을 찾아내어 정정할 수도 있다. 패러프레이징은 풍성하고 다채로우며 기분 좋은 대화를 만든다.

효과적인 패러프레이징을 하기 위해 앞서 상대방이 말한 문장에서 힌트를 찾아야 한다. 그러려면 일단 적극적으로 듣고 내용의 핵심을 파악해야 한다. 그러고 나서 어순을 살짝 바꾸거나 요약하거나 구체화해 자신만의 언어로 다시 표현해야 한다. 동의어나 비슷한 의미의 관용구를 활용하여 다시 말할 수도 있다. 패러프레이징을 연습해놓으면 좋다. 책이나 강의, 드라마 내용을 자신만의 언어로 바꿔서 다시 말해보자. 주변 사람들과 대화할 때 패러프레이징을 연습하는 것도 좋다.

색다른 관점으로 생각하고 말하는 것은 생각보다 어렵지 않다. 창의적인 것을 너무 부담스럽게 생각하지 않아도 된다.

더 깊은 생각이 필요한 것은 맞지만 상대방의 말에서도 충분히 힌트를 얻을 수 있다. 여러 문법, 단어를 써서 살짝 변형만 해도 충분하다. 이는 당신의 매력을 올리기에 좋은 방법이다. 동시에 당신의 사고력, 의사소통 역량을 키우는 데도 좋은 방법이다.

12

옳은 것보다 친절한 것이 더 나은 관계를 만든다

최근 우리가 주변 사람들과 어떤 대화를 나눴는지 생각해 보자. 회사에서 일어난 일, 친구와 싸운 일, 맛있는 점심을 먹으러 간 일, 오늘은 뭐 먹을까 등 사사롭고 다양한 일상 이야기일 확률이 크다. 혹은 앞으로의 미래를 계획하거나, 생산적인 업무를 위한 협의일 수도 있다. 이 중 어떤 대화에서든 감정이 들어가지 않는 대화는 없다. 감정 없이 사무적인 이야기를 하는 것은 감정이 없는 것이 아니라 무미건조한 감정인 것이다. 인간은 감정의 동물이고 감정 없이 대화하는 것은 거의 불가능에 가깝다. 그렇기에 우리는 사실관계보다 감정을 더 중요시하며 대화를 해야 한다.

A 걔는 무슨 말을 그렇게 재수 없게 하냐?

B 내가 보기엔 너도 계속 걔 성질 건드린 것 같던데?

A 야, 난 그냥 재밌으라고 장난친 거지!

B 장난도 상대방이 기분 나쁘면 그게 장난이냐? 말을 재수 없게 하는 걔도 문젠데, 너도 적당히 좀 하지 그랬냐.

A 아오, 친구끼리 장난도 못 치냐? 쪼잔하기는.

어떤 대화를 하든 그 대화에는 숨겨진 목적이 있다. 문제 해결, 정보 전달뿐만 아니라 공감과 위로, 친밀감 상승 등 다양하다. 대화의 목적을 생각하면 더 나은 관계를 만들기 위해서 어떻게 대처해야 할지 알 수 있다. 상대방의 목적을 알아채고 달성시켜주면 상대방은 말이 잘 통했다는 느낌을 받게 된다. 친구의 하소연은 공감과 위로를 바라는 대화이다. 목적이 공감과 위로인데 서로 간의 잘잘못을 따지면 목적에 어긋난 대화가 된다. 친구는 통한다는 느낌을 느끼지 못한 채 계속 언짢음을 가지고 가게 된다.

공감을 해주자니 험담이 되는 것 같고, 아무리 생각해도 상대방에게도 잘못이 있는 것 같다고 느껴질 때도 있다. 그렇다고 상대방의 잘잘못을 따지기에는 서로 감정만 상할 것 같다. 이럴 때는 감정만 인정해주면 된다. 상대방의 의견에 꼭 동의하지 않아도 된다. 앞의 상황에서 "재밌으라고 장난친 건데 그 친구가 그렇게 나오니까 너도 많이 무안했겠다."라고 A의 감정을 알아채고 인정해주면 된다. 상대방에게 공감받는 느낌을 줄 수 있는 방법이다. 그리고 "그런데 그 친구도 좀 기분

이 나빴을 수도 있겠다.", "요즘 그 친구한테 무슨 일이 있나? 평소 같으면 잘 받아줬을 텐데."라며 덧붙인다. 험담 주인공의 감정이나 상황도 이해하려 하면 험담으로 넘어가지 않을 수 있다.

다영 오늘 마감이라고 했는데 아직 안 됐어요?

태성 죄송합니다. 금방 제출할게요!

다영 몇 번을 말해야 알아들어요? 태성 씨는 항상 늦더라.

태성 앞에 작업이 늦어져서…. 조금만 기다려주세요!

다영 일 그런 식으로 하지 마세요. 마감 준수는 기본이에요.

태성 네. 조심하겠습니다.

대화의 목적을 알고 나면 상대방의 잘잘못은 굳이 따지지 않아도 된다. 이 대화의 목적은 마감 전 제출이다. 목적에 어긋난 이야기는 불협화음이 될 뿐이다. "당신 잘못이야. 앞으로 잘해."라는 식의 대화는 전혀 생산적이지 않다. 윽박지른다고 상대가 쉽게 바뀌는 것이 아니다. 오히려 목적 달성도 못하고 감정만 상하기 쉽다. 목적 달성을 위해 다른 부분은 과감히 생략해도 된다. "일주일 전에 마감 일자 알려드리면 도움이 될까요?", "바쁘시겠지만 좀만 더 도와주시면 감사하겠습니다." 과거나 현재에 벌어진 일보다 '앞으로 어떻게 할 것인가'에 집중하면 목적을 달성하는 데 도움이 된다.

감정의 인정 없이 '잘못을 내가 알려줘야지.' 혹은 '내가 바로잡아줘야지.'라고 일방적으로 생각하는 것 자체가 큰 오만이다. 우리는 서로의 부모가 아니다. 심지어 훈육할 때조차 소아, 청소년정신과 전문의인 오은영 박사는 아이들의 감정을 먼저 알아줘야 한다고 말한다. 우리 모두 실수도 하고 잘못도 하며 깨닫기도 하고 배우면서 성장하는 인격체이다. 다른 사람의 잘잘못을 따질 만큼 우리는 실수 하나 없는 인간인지 먼저 생각해봐야 한다.

평가나 지적은 당신만 할 줄 아는 게 아니다. 상대방은 당신을 더 매의 눈으로 평가할 것이다. '너는 얼마나 대단하길래?'라는 마음으로 당신의 작은 오점도 찾을 수 있다. 자식은 부모를 평가하지 않을 것 같은가? 직원은 상사를 평가하지 않을 것 같은가? 심지어 당신이 진짜 대단한 사람이더라도 잘못을 따지는 평가는 조심히 해야 한다. 우리가 내뱉은 평가는 다시 돌아오게 되어있다. 잘잘못에 집중하면 인간관계가 발전 하지 않고 역행하게 된다.

익철　스테이크는 역시 미디엄 레어로 먹어야지!

누리　그래? 난 웰던이 더 좋던데.

익철　웰던은 너무 퍽퍽해. 너 스테이크 먹을 줄 모르는구나.

누리　그렇게 질기거나 퍽퍽하지 않아!

익철　에이. 누가 뭐래도 난 미디엄 레어야.

당신만이 옳다고 주장하는 순간 상대방은 틀린 것이 되어 버린다. 실제로 일상 대화에서 누가 100% 옳고 틀린 경우는 많지 않다. 대부분은 정보의 정·오답보다는 의견 차이일 뿐이다. 설령 상대방이 잘못 알고 있는 사실이라 해도 그것을 상대방에게 곧이곧대로 이야기하면 상대의 기분이 상한다. 말하더라도 친절하게, 다정하게 해야 한다. 사람마다 취향도 가치관도 성격도 다르기에 누구에게 옳은 것이 누구에게는 아닐 수 있다. 오해가 빚어지는 경우를 제외하고 인간관계에서는 정확한 사실 전달보다는 상대방에 대한 이해와 배려가 현명한 처신이다. "옳음과 친절함, 둘 중 하나를 골라야 할 때는 친절함을 골라라.” 영화 〈원더〉에 나오는 대사이다.

의미 없는 논쟁은 웬만해서는 피하는 것이 좋다. 논쟁을 하여 더 큰 결과를 얻어낼 수 있는 상황은 일상에서 흔치 않다. 대부분의 대화는 친목을 위한 것이다. 인간의 공유 본능이다. 업무에서도 마찬가지다. 아무런 친밀도 없이 업무 이야기만 한다면 오히려 생산성이 떨어진다. 업무 이야기만 필요할 때도 있다. 그러나 평소에 어느 정도는 직장 내 친목을 쌓고 상대를 배려할 줄 알아야 업무 효율도 높아지고 생산성이 올라간다. 논쟁하여 이기는 것보다 배려하여 호감을 얻는 것이 더 가치 있다. 대화하기 전 대화의 목적이 무엇인지 한 번 되새기면 의견이 다르더라도 논쟁에 휘말리지 않을 수 있다.

사실 배려하는 것보다 논쟁하는 것이 더 쉽다. 뜻을 굽히지 않고 자기주장만 계속하면 되기 때문이다. 그러나 자신의 생각만 옳다고 믿어버리면 생각 그릇은 더 이상 커지지 않는다. 흑백논리에 빠지게 되고 편견에 휩싸이게 된다. 상대방이 잘못 알고 있는 것 같거나 말이 안 통한다고 느끼면 바로잡고 싶은 욕구와 짜증이 저절로 올라온다. 하필이면 부정적인 감정은 쉽게 전달된다. 상대방을 배려하며 친절을 베푼다는 것은 생각보다 어려운 일이다. 이런 상황에서 논쟁을 예방하고 배려심을 느끼게 하는 몇 가지 팁들이 있다.

먼저, 마음 가다듬기이다. 말이 안 통하는 답답함에 짜증이 밀려올 때면 스스로에게 "나는 다정한 사람이다. 친절한 사람이다."를 되뇐다. 일종의 세뇌다. 그러나 효과는 분명하다. 행복해서 웃는 게 아니라 웃으니까 행복하다는 말처럼 친절한 사람인 척하다 보면 짜증이 가라앉고 친절해진다. 말투가 부드러워진다. 요리연구가이자 기업가인 백종원도 언젠가 방송에서 한 말이 있다. "착한 척하다 보니 착한 사람이 되었습니다."

두 번째는 일단 인정하는 것이다. 의견이 달라도 일단 인정해줘라. 동의하라는 말이 아니다. "아~ 이렇다는 말이구나.", "아~ 그럴 수도 있겠구나.", "그렇게 신박하게 생각할 수도 있구나."라며 상대방이 가진 생각과 의견을 먼저 수용하라는 말이다. 처음부터 "그건 아닌 것 같은데?", "그건 네 잘못이야.", "난 그렇게 생각 안 해."라고 부정하면 상대는 순간 벽을 느낀다. 수용 단계가 있어야 다른 의견을 말해도 충격이 덜하고 배려를 느낀다.

마지막으로 권유형 질문을 한다. 의견이 다른 것 같을 때, 혹은 말하기 어려운 주제일 때 권유형 문장을 쓰면 좀 더 조심스러운 느낌을 줄 수 있다. "지금 무슨 생각하는 거야?", "무슨 일이야?", "이건 왜 그랬어?"보다는 "무슨 생각인지 말해줄 수 있어?", "무슨 일인지 물어봐도 돼?", "이 부분은 어떻게 된 일이야?"라고 말하면 훨씬 부드럽다.

기분 좋은 관계를 만드는 것은 팩트가 아니라 감정이다. 카더라를 사실로 알고 말하는 사람, 얕은 지식을 가지고 모든 것을 안다는 듯 행동하는 사람, 잘못된 정보를 알고 있는 사람, 사실을 왜곡하여 기억하는 사람 등 사실과는 거리가 있는 이야기를 하는 사람은 언제나 있다. 인간의 뇌는 망각과 왜곡에서 완벽하게 벗어나기 힘들다. 물론 제대로 바로잡아야 하는 사실들도 있다. 그러나 일상 대화에서 이런 사소한 오답들은 큰 문제가 아니다. 대화의 목적이 친목이라면 이런 오답들은 귀엽게 생각하며 넘어가 주는 여유를 가지자.

3장

진심을 100% 표현하는 말투

“1”

나의 표정에 따라 대화가 달라진다

인간의 감정은 말하지 않아도 표정을 보면 알 수 있다. 일정 강도 이상의 감정은 눈빛에서부터 넘치는 기쁨 혹은 검은 아우라를 숨기기 힘들다. 상대방이 모를 거라 생각하지 마라. 상대방은 당신의 생각보다 눈치가 빠르다. 일부러 모르는 척해주는 것일 수도 있다. 따라서 좋은 대화를 위해서는 표정에도 신경을 쓰는 것이 좋다. 아무리 좋은 이야기라도 찡그린 표정으로 하면 좋게 들리지 않는다. 아무리 심각한 이야기라도 장난치는 표정으로 말하면 가볍게 들린다. 대화에 따라 적절한 표정을 지을 줄 알아야 이야기를 제대로 전달할 수 있다.

A 뭐해?

B 심심해서 게임 좀 하고 있었어.

A 무슨 게임 하는데?

B 가끔씩 하는 건데 시간 때우기 좋아.

A 참 재밌어 보인다.

웃는 표정을 상상하면서 이 대화를 읽어보자. 그리고 찡그린 표정을 상상하며 다시 읽어보자. 표정에 따라 대화 분위기가 많이 다르게 느껴질 것이다. 표정은 대화 분위기에 큰 영향을 미친다. 기분 좋은 대화는 미소가 필수 옵션이다. 웃음이 가득한 이야기는 좋은 기억으로 남는다. 항상 기분 좋은 대화를 나누고 싶다면 미소 짓는 표정을 기본 모드로 설정해놔야 한다. 미소를 머금고 있는 습관을 만들어야 한다. 당신의 미소를 보고 상대방도 미소가 지어질 것이다. 자연스레 유머를 던지기도 하고 웃음 가득한 기억이 만들어질 가능성이 높아진다.

실제로 웃는 얼굴을 보여주면 상대방도 웃는 얼굴을 보여준다는 여러 연구결과가 있다. 암스테르담 대학교의 애닉 브

루트도 이와 비슷한 실험을 하였다. 그는 대학생들로 하여금 동물보호단체에서 나왔다고 스스로를 소개하고 쇼핑몰에서 쇼핑하는 사람들한테 모금을 해달라고 부탁했다. 또한, 모금 제안을 할 때 절반 정도의 사람들에게만 웃는 얼굴로 말해달라고 부탁하였다. 그 결과, 웃지 않는 얼굴로 다가갔을 때는 절반 이상이 무표정으로 답했고 29.3% 정도 모금을 하였다. 반면, 웃는 얼굴로 다가갔을 때는 64.9%가 다시 웃어주었고 51.3%가 기부를 하였다. 상대방이 웃어주길 바란다면 먼저 웃는 얼굴로 다가가야 한다. 웃는 얼굴로 다가가면 상대가 웃어줄 뿐 아니라 부탁을 들어줄 가능성도 높아진다.

철원　유튜브에 그 영상 봤어? 진짜 웃기더라.

혜원　하하. 맞아. 나 진짜 배꼽 빠지는 줄 알았잖아.

철원　나도.(웃음) 내가 성대모사 한번 해 볼까? (성대모사 중)

혜원　으하하하! 하나도 안 비슷한데 진짜 웃기다.

웃음을 싫어하는 사람은 없다. 모든 사람은 웃을 일이 생기는 것을 좋아한다. 오락이나 웃음을 주는 영상을 찾아보기도 한다. 재밌는 이야기나 유머로 상대방을 잘 웃겨주는 사람도 많다. 실제로 유머러스한 사람들은 인기가 많다. 함께 있으면 즐겁기 때문이다. 웃음이 있으면 같은 대화라도 더 즐겁게 할 수 있다. 모두가 재치 있고 유머러스한 사람이라면 더할 나위 없이 좋겠지만 현실은 그렇지 않다. 억지로 웃기려다 갑분싸 되는 상황을 만들어버린다. 자신이 유머감각 없는 사람이라고 상심할 필요 없다. 단지 작은 것에 먼저 웃어주는 것만으로도 함께 있으면 즐거운 사람이 된다. 때와 장소만 잘 가린다면 많이 웃어서 가벼워보일까봐 걱정하지 않아도 된다. 많이 웃을수록 좋다.

웃음의 중요성은 아무리 강조해도 지나치지 않는다. 웃음은 경직된 분위기와 긴장을 풀어준다. 한결 편한 분위기에서 더 많은 이야기를 공유할 수 있게 도와준다. 웃음은 상대방의 기분을 좋게 만든다. 기분이 좋을 때 설득이나 부탁을 들어줄 가능성도 높아진다. 웃음은 건강에도 큰 도움이 된다. 스탠퍼드 대학교의 윌리엄 프라이 박사는 "웃음은 공포와 염려를 막아주고, 몸의 치유 능력을 활성화화는 힘이 있다."라고 말했다. 실제로 웃음은 면역세포 강화, 혈액순환, 스트레스 완화에도 도움이 된다는 연구결과가 많다. 웃음치료사라는 자격증과 직업이 있을 정도로 웃음이 주는 건강 효과는 엄청나다.

웃는 모습은 예쁘고 잘생기고를 떠나 호감을 준다. 미소가 주는 영향력은 엄청나지만 우리는 웃는 법을 배운 적이 없다. 미소 띤 얼굴은 어색할 뿐 아니라 오래 있으면 얼굴에 경련이 일어날 것 같다. 그만큼 미소를 많이 지은 적이 없다는 것이다. 아나운서나 배우, 승무원 같은 특정 직업군에서는 표정 연습하는 방법을 배운다. 그러나 표정 연습은 남녀노소 할 것 없이 하는 것이 좋다. 더불어 살아가는 사회에서 미소를 머금은 사람이 많아진다는 것은 사회가 더 아름다워진다는 뜻이기도 하다.

웃는 표정을 연습하기 전에 얼굴 근육부터 풀어주는 것이 좋다. 얼굴 근육은 항상 쓰는 근육만 쓰게 된다. 그래서 나이가 들수록 자주 짓는 표정에 맞추어 인상이 변한다. 근육을 먼저 스트레칭해주면 미소도 자연스러워지고 인상도 좋아진다. 얼굴 스트레칭에 가장 좋은 방법은 '아에이오우'이다. 입 모양을 최대한 크게 벌려 "아~", "에~", "이~", "오~", "우~" 하며 각각 10초씩 유지한다.

미소 짓는 표정을 연습할 때는 거울을 보며 하는 것이 좋다. 거울을 보며 입의 크기를 바꿔가며 미소짓는 연습을 해 본다. 작은 미소부터 박장대소까지 3~4단계로 쪼개어 웃는 연습을 해 보자. 이 과정을 반복하다 보면 어느새 웃는 모습이 습관이 되어 있을 것이다. 웃을 때는 힘을 살짝 주어 입꼬리가 올라가도록 하는 것이 좋다. 이때 입꼬리를 "위스키"나 "뒷다리"의 마지막 글자처럼 "이~"라는 모양을 만들도록 한다. 팁은 입꼬리에만 힘을 주면 입이 경련 일어나기도 쉽고 가식적인 미소처럼 보인다. 눈가와 볼에도 살짝 힘을 나누어주면 눈도 같이 웃는 훨씬 편하고 자연스러운 미소가 된다. 입꼬리를 손끝으로 1~2초씩 꾹꾹 누르며 자주 마사지해주면 경련 완화와 예쁜 입매를 만드는 데도 도움이 된다.

동생 헤헤, 언니.

언니 왜?

동생 언니 있잖아 ㅎㅎ 할 말이 있는데~

언니 뭔데. 빨리 말해. 답답해.

동생 사실 언니 옷 몰래 입었다가 얼룩이 생겨버렸어. ㅎㅎ 내가 그냥 하나 새로 사줄게.

언니　　뭐!? 그거 아끼는 옷인데! 아 진짜! 장난하나.

한편 웃지 말아야 할 상황도 있다. 심각한 문제에 대해 이야기하거나 사과해야 할 상황이 대표적이다. 그러나 민망함에 혹은 분위기가 어색해서 진중한 이야기를 하지 못하는 사람들이 있다. 진지할 때는 진지한 표정을 지을 줄 아는 것도 필요하다. 공식적인 자리, 진지한 논의 등 웃지 말아야 할 때의 웃음은 오히려 사람을 가벼워보이게 만들 수 있다. 장례식

같은 애도하는 곳에서도 함부로 웃어서는 안 된다. 당연한 예의이다. 사과할 때도 상대방이 충분히 진심을 느낄 만큼 미안한 표정도 지을 줄 알아야 한다. 아무리 진심이라도 이런 상황에서 웃으며 이야기하면 장난 같아 보인다. 상대방은 더 기분 나빠 할 뿐이다.

소통은 말이 전부가 아니다. 표정도 말의 일부이다. 웃지 말아야 하는 상황이 아닌 모든 상황에서는 무표정보다 미소가 훨씬 낫다. 웃는 표정은 당신을 자신감 있게 만들어주고 보고 있는 사람도 기분 좋게 만든다. 뇌는 웃는 표정을 '아군'으로 인식하고 호의를 가지게 된다. 결국 미소를 띠고 있는 사람에게 복이 들어온다. 일이 뜻대로 안 될수록 더 웃는 표정을 연습할 필요가 있다. 긍정적인 마인드를 가지는 데 가장 큰 도움이 되는 것이 웃음이기 때문이다.

“2”

목소리에 따라 말의 전달이 달라진다

가수, 아나운서, 강사 등 노래하거나 말하는 것을 직업으로 하는 사람들은 좋은 목소리를 내기 위해 노력한다. 그 외에 일반적으로 대부분의 사람들은 사실 목소리의 중요성을 인지하지 못한다. 그러나 자신도 모르게 상대방의 목소리만을 듣고 상대방을 판단하게 되는 경우가 많다. 표정에 따라 같은 말이라도 다르게 느낄 수 있듯이 목소리도 마찬가지다. 목소리는 우리의 또 다른 얼굴이다. 눈썹의 찡그림 정도, 눈빛, 입 모양이 표정을 만들 듯이 목소리의 발성, 높낮이, 어조, 떨림이 목소리의 표정을 만든다. 밝고 분명한 목소리는 웃는 얼굴과 같다. 아나운서나 성우만 목소리가 중요한 것이 아니다. 그들처럼 아주 전문적일 필요는 없지만 또렷하고 전달력 있는 목소리는 원활한 의사소통을 위해 꼭 필요하다.

지인　안녕하세요…. 이번에 새로 담당자가 된 김지인이라고 합니다….

누리　반가워요! 지인 씨! 새로운 업무는 어때요?

지인　좋은 것 같아요…. 적응 중이에요오….

누리　(속으로 '좋은 거 맞아?') 그래요? 앞으로도 힘내자고요!

지인　네에….^^

목소리는 그 사람의 이미지를 만든다. 하버드 대학에서 진행한 실험에서 목소리에 관한 재밌는 결과가 나왔다. 바로 관중의 80% 정도가 연설자의 목소리만 듣고 성격을 예상했다는 것이다. 말끝을 흐리거나 작은 목소리는 소극적으로 보이고 명랑한 목소리는 적극적이고 긍정적으로 보인다. 또한 커뮤니케이션 연구자인 앨버트 메라비언은 말을 잘한다고 느끼게 하는 가장 중요한 요소가 목소리라고 했다. 그 외에 표정, 태도, 논리 순으로 중요하다고 했다. 말의 내용보다 목소리와 표정 등이 사람들의 눈에 더 잘 들어온다는 말이다. 신뢰 있는 목소리로 말하는 것만으로 신뢰받는 사람이 될 수 있다.

내용의 좋고 나쁨을 판단하기도 전에 우리는 목소리만으로 더 듣고 싶은지 아닌지 판단하기도 한다. 이를테면, 강의나 회의에서 전달력 있는 목소리에는 우리도 모르게 귀를 기울이게 된다. 매력적인 목소리는 기분을 좋게 만든다. 반면 투덜거리거나 너무 작은 목소리는 듣기도 전에 지루해져 내용에 집중하기 힘들다. 어린아이 같은 목소리는 신뢰를 주거나 전문성을 느끼게 하기 힘들다. 너무 빠르거나 느린 목소리도 전달이 잘 안 된다. 효과적인 의사소통을 위해서 목소리도 하나의 기술로서 연습해야 할 필요가 있다.

듣기 힘든 목소리	듣기 좋은 목소리
명확하지 않은 발음 쥐어짜는 듯한 목소리 심한 콧소리 섞인 목소리 작은 목소리 더듬거리는 목소리 퉁명스럽고 날카로운 목소리 무미건조한 목소리	발음이 정확하게 잘 들리는 목소리 울림이 있는 목소리 리듬감이 있는 목소리 밝은 목소리 따뜻함이 느껴지는 목소리 부드러운 목소리

누구나 타고난 목소리가 있다. 선천적으로 매력적인 목소리를 가지고 태어난 사람도 있지만 그렇지 않은 사람도 있다. 좋은 목소리를 가지지 못했다고 해서 낙담할 필요는 없다. 좋은 목소리는 특정한 목소리가 아니라 자신에게 맞는 목소리이다. 귀를 기울이게 되는 목소리이다. 같은 내용의 대화도 귀를 기울이고 듣는 것과 그렇지 않은 것의 차이는 크다. 상대방이 편하게 우리의 말을 들을 수 있어야 한다. 내 고유의 목소리를 듣기 좋게 다듬은 것이 좋은 목소리이다. 듣기 좋게 다듬는 방법에는 여러 가지가 있다. 연습을 통해 자신만의 매력적인 목소리를 만들어보자.

1) 정확하게 발음하기

일단 발음이 좋아야 한다. 입을 거의 움직이지 않고 말하는 것은 답답하게 느껴지고 자신 없어 보인다. 발음을 좋게 하려면 입 모양을 크고 정확하게 움직여야 한다. 그리고 문장의 끝까지 분명하게 말해야 한다. 입 주변의 근육을 의식적으로 움직인다고 생각하며 발음을 분명하게 하려고 노력해야 한다. 우스꽝스럽게 보일까 봐 걱정하지 않아도 된다. 의외로 상대방이 보기에는 그렇게 느껴지지 않는다. 오히려 힘들이지 않고 하는 말은 상대방이 힘겹게 들어야 할 수도 있다.

단어의 첫음절에 악센트를 넣는 것도 잘 들리도록 말하는 방법 중 하나이다. 말끝을 자주 흐리는 사람은 말끝을 스피카토처럼 살짝 힘을 주어 끊어보는 연습을 하면 끝까지 분명하게 말할 수 있다. 말에 리듬이 있으면 상대방에게 더 잘 전달된다. 특히 첫음절을 살짝 강조하는 것은 뒤 음절을 강조하는 것보다 효과가 좋다. 왜냐하면 사람들은 처음 말하는 부분을 듣고 모든 말을 듣기도 전에 그 뜻을 예측하고 유추해버린다. 뒤에 내용은 잘 안 들리더라도 잘 들었다고 착각하기 쉽다. 단어와 단어 사이를 잘 구분하여 말하는 것은 듣는 사람을 편안하게 한다.

2) 울림 있는 목소리 만들기

울림이 있는 목소리는 공명이 있는 목소리이다. 공명은 목소리에 굳이 귀를 기울이지 않아도 매력적이고 또렷하게 들리게 만든다. 울림을 만들기 위해서는 호흡과 혀가 중요하다. 먼저 호흡은 복식호흡을 해야 한다. 사람들은 일반적으로 흉식호흡을 많이 한다. 숨을 들이마시고 내쉴 때 가슴이 오르락

내리락하면 흉식호흡을 하는 것이다. 복식호흡은 명치 아래 풍선이 있다고 생각하고 배를 움직이며 호흡을 하는 것이다. 들이마실 때는 배가 나오고 내쉴 때는 배가 들어가야 한다.

감정이 격해지거나 긴장하면 사람은 호흡이 짧아진다. 호흡이 짧아지면 말을 더듬거릴 가능성이 커지고 전달력이 떨어지게 된다. 말하는 사람도 불편하고 듣는 사람도 불편해진다. 길게 들이마시고 길게 내뱉어야 한다. 숨을 참는 연습은 호흡을 길게 만드는 데 도움을 줄 수 있다. 긴 호흡을 습관 들이면 편안하게 말하고 들을 수 있다. 길게 뱉으면서 소리를 일정하게 밀어낸다는 느낌으로 연습해보자. 언제나 여유로운 분위기를 풍기며 말할 수 있다.

혀의 위치는 아래로 내려 입안에 공간을 만들어주어야 한다. 울림이 있는 목소리는 소리가 울리는 공간이 있어야 한다. 혀가 중간에 자리를 차지하고 있으면 울림을 만들기가 어렵다. 흔히 말하는 혀 짧은 소리는 진짜 혀가 짧은 경우보다는 혀가 입안의 공간을 많이 차지하고 있어서이다. 입안에서 소리가 진동할 수 있는 공간을 크게 만들어준다는 생각으로 혀를 살짝 내리고 말해보자. 울림이 생기는 명확한 목소리를 만들 수 있다.

3) 부드럽고 따뜻한 목소리

퉁명스럽고 까칠한 목소리는 공통점이 있다. 바로 날카로움이 있는 것이다. 짜증과 귀찮음이 묻어있고 말끝이 가시처럼 올라가 있다. 말끝이 상대방을 향해 날이 서 있다. 짜증이 난 상태가 아니라 해도 평소 목소리가 날카로운 사람들이 있다. 그들은 상대방에게 의도치 않은 상처를 많이 입힌다. 뜻도 제대로 전달되지 않는다. "난 그런 뜻으로 말한 게 아닌데…." 하며 후회한다. 이런 사태를 예방하기 위해서는 부드럽고 따뜻하게 말하고자 하는 욕구가 먼저 있어야 한다. 목소리에도 연기가 필요하다. 인자한 사람이 된 상상을 하며 목소리를 가다듬자.

부드럽고 따뜻한 목소리를 위해서는 말끝의 날을 둥그렇게 갈아야 한다. 날이 둥그레지면 훨씬 부드러운 목소리로 말할 수 있다. 말을 둥글게 만든다는 것은 말끝을 내리는 것과 같다. 말끝을 내린다고 해서 말끝을 흐리거나 얼버무리라는 것이 아니다. 말끝에 살짝 힘을 주고 높낮이만 아래로 살짝 내려 보자. 공명과 함께 말끝을 둥그렇게 만든다면 자신감 있으면서도 겸손해 보일 수 있다.

“3”

구체적이고 풍부하게 표현하는 말 습관을 들여야 한다

같은 말이라도 ‘아’ 다르고 ‘어’ 다르다는 속담이 있다. 비슷한 내용이라도 어떻게 말하느냐에 따라 좋게 들리기도 하고 나쁘게 들리기도 한다는 뜻이다. 주로 상대방이 말을 이쁘게 해줬으면 하는 마음에 사용한다. 앞에서 이왕이면 긍정적으로 말하는 것이 좋다고 했다. 한 가지 중요한 것이 더 있다. 바로 풍부하게 말해야 한다는 것이다. 영국 케임브리지대학 교수였던 루트비히 비트겐슈타인은 “내 언어의 한계는 내 세계의 한계를 의미한다.”라고 말했다. 구체적이고 풍부하게 말할수록 넓게 이해하고 받아들일 수 있다.

질문	저번에 봤던 영화는 어땠어?
대답 1	뭐 그냥. 볼만했어~
대답 2	좋았어! 꽤 재밌던데?
대답 3	결말로 갈수록 흥미진진했어! 반전이 대박이야!

같은 경험을 해도 사람마다 표현 방법이 다르다. 같은 생각을 해도 말하는 방법은 사람마다 다르다. 재밌는 영화를 봤다고 해도 사람에 따라 강도를 다르게 표현한다. 첫 번째는 자기 경험이나 감정을 충분히 표현하지 못한 대답이다. 두 번째는 단순 단어로 감정을 표현한 단계이다. 마지막은 구체적으로 사실을 묘사하며 경험을 대답하였다. 세 가지 대답 중 어느 것이 가장 확실하게 경험을 표현한 것처럼 보이는가? 어느 대답이 삶을 제대로 음미하는 것처럼 보이는가?

무엇을 해도 시큰둥하게 반응하는 사람, 항상 의견을 두리뭉실하게 말하는 사람, 무슨 생각하는지 도통 모르겠는 사람. 이들의 공통점은 제대로 표현하지 않는다는 것이다. 표현력을 키우면 사실을 구체적으로 묘사할 수 있고 주관이 뚜렷해 보인다. 이때의 주관은 고집과 다르다. 자신의 의견만 맞다고 우기는 것이 아니라 자신만의 가치관이 있고 상대방의 가치관도 충분히 존중할 줄 아는 것이다. 자신만의 주관이 있는 사람은 자신감 있어 보이고 매력적이다. 경험을 공유할 때 나누고자 하는 의견이 많아지고 대화가 이어진다.

좋은 표현력은 사람의 마음을 휘어잡을 수 있다. 책, 영화, 드라마를 보다가 인상 깊은 문장이 있는가? 유명한 명언이나 대사는 사람들이 공감할 만한 내용을 더 공감 가도록 다시 표현한 것이다. 이렇듯 같은 말이라도 색다른 표현을 사용하면 더 큰 공감을 이끌어낸다. 말할 때만이 아니라 들을 때도 마찬가지다. 풍부한 리액션은 상대방을 기분 좋게 만든다. 표현을 풍부하게 만드는 몇 가지 규칙이 있다.

1) 목소리 톤

뉘앙스, 억양, 높낮이, 속도를 조절하는 것만으로 말에는 리듬감이 생긴다. 이 리듬감은 같은 말이라도 충분히 다르게 인식되도록 만들 수 있다. 말의 리듬은 주로 감정을 전달한다. 일반적으로 고음은 긍정적이고 낙관적으로, 저음은 심각하거나 우울한 것으로 인식된다. 너무 일정한 사무적이고 무뚝뚝한 톤은 사람을 기계처럼 느껴지게 만든다. 상황에 따라 리듬을 주면서 말하면 훨씬 풍부하게 들린다.

2) 보디랭귀지

말뿐만 아니라 다양한 보디랭귀지도 표현을 풍부하게 하는 데 큰 역할을 한다. 보디랭귀지에는 표정, 제스처가 포함된다. 예를 들어 어린 자식이 부모에게 묻는다. "나 얼마큼 사랑해?" 부모는 대답한다. "아주 많이." 이때 단순히 말만 하는 것보다 양팔을 사용하면 훨씬 더 풍부하게 표현할 수 있다. 양팔을 넓게 벌리며 많이 사랑한다고 하면 단순히 말만 했을 때보다 자식에게는 더 큰 감동으로 다가온다.

3) 시각화

시각화는 표현을 풍부하게 하는 데 있어서 매우 효과적인 방법이다. 무언가를 구체적으로 묘사하는 데도 좋은 방법이다. 말을 훨씬 재밌게 들리게 만든다. 적절한 부사나 예시를 드는 것은 시각화를 위한 좋은 수단이다. "그는 달리기가 빠르다."보다 "그는 치타처럼 달리기가 빠르다."라고 말하는 것이 생동감이 있다. "커피를 따른다."보다 "커피를 쪼르륵 따른다."가 더 눈에 보이는 듯하다. 상황이나 물체를 상대의 머릿속에 그려줘야 한다. 실제로 개그맨이나 재밌게 말하는 사람들은 이런 부사나 예시를 잘 들어 듣는 사람의 머릿속에 그림을 잘 그려 준다.

일반 표현	시각화 표현
목도리가 부드러워.	목도리가 구름처럼 부드러워.
맛있는 거 먹으러 가자!	지글지글 부대찌개 먹으러 가자!
지금 갈게!	쏜살같이 달려갈게!
맞는 말이네요.	무릎을 '탁' 치게 하는 말입니다.
그렇게 하도록 하겠습니다.	최선을 다하겠습니다.

4) 감탄사

"와!", "대박!" 같은 감탄사도 표현을 풍부하게 만든다. 어린 아이들은 작은 것에도 신기해하고 감탄한다. 그러나 시간이 흐를수록 놀랄 만한 일도 감탄할 만한 일도 점점 적어진다. 한두 번 겪은 일은 점점 무감각해지고 별거 아닌 일이 되어버리기도 한다. 감탄사를 쓰지 못하는 것은 마음이 무뎌졌기 때문이다. 그럴 때일수록 감탄사를 활용하여 삶을 음미하도록 해야 한다. 감탄하고 음미하는 것이 많아질수록 기쁨도 더 잘 느낄 수 있다. 그런 사람 곁에 사람들이 모여든다.

그래, 바로 그거야!	아이고, 반가워요.
어휴, 내 속이 다 터진다.	아이참, 그건 아니지~
세상에! 너무 놀랐다.	으이구, 조심 좀 하지 그랬어.
우와, 너무 예쁘다.	이런, 그런 일이 있었구나
에고고, 미안. 늦었지?	엥? 이게 뭐야?

5) 신뢰

표현력이 좋은 사람이 주관이 있어 보이는 이유는 바로 신뢰 때문이다. 여기에서 신뢰는 자신의 반응에 대한 신뢰이다. '나는 이렇게 생각하는데 내 생각이 틀린 거면 어떡하지?', '나만 이렇게 생각하나? 다른 사람들은 아니라고 하면 어떡하지?', '이것도 저것도 잘 모르겠어.' 이런 생각들은 자기 생각을 제대로 표현하지 못하게 방해한다. 자기 말의 반응에 대한 믿음이 있어야 자신의 생각을 분명히 표현할 수 있다. 이런 신뢰는 자신감 있고 당당해 보이도록 만든다.

풍부하게 표현하는 말 습관을 들이면 더 넓은 그릇을 가질 수 있다. 표현력이 풍부한 사람들은 무의식적으로 언어를 예민하게 다룬다. 맥락과 어울리는 적당한 표현과 묘사를 위해 창의력과 사고력이 훈련된다. 그렇기에 자신의 생각과 감정을 더 잘 전달할 수 있다. 같은 말이라도 구체적이고 알아듣기 쉽게 전달한다. 같은 경험을 하여도 풍부하게 음미함으로써 살아있음을 더 다채롭게 느낄 수 있다. 배려까지 갖춘다면 상대방의 마음을 섬세하게 어루만져줄 수 있다. 다른 사람들과 더 깊은 관계를 맺을 수 있게 한다.

“4”

말할 때 입과 몸을 함께 사용해야 한다

대화는 언어와 비언어적 소통이 어우러진 행위이다. 단순히 말만 한다고 대화를 제대로 한다고 할 수 없다. 보디랭귀지는 몸의 언어이다. 비언어적인 소통이다. 말에는 담기지 않은 내용이 몸짓에는 담겨있기도 하다. 아무 말하지 않고 단지 안아주는 것만으로 큰 공감과 위로를 줄 수 있다. 반면 대답은 잘해도 건들거리며 팔짱 낀 모습은 화를 부르기도 한다. 몸의 언어에는 심리가 반영되어 있어 전달력을 극대화하기도 하고 역효과를 일으키기도 한다. 어떤 보디랭귀지가 어떤 심리를 반영하고 영향을 미치는지를 알아야 한다. 몸의 언어를 통해 상대방을 좀 더 이해할 수 있고 의도도 더 효과적으로 전달할 수 있다.

태성　이번에 여기 강의 들어보려고 하는데 어때? 선생님도 유명하고 가격도 괜찮아!

혜린　(핸드폰을 계속 보면서) 괜찮은 것 같네.

태성　심지어 위치도 그렇게 멀지 않아! 온라인으로도 들을 수 있더라고!

혜린　(핸드폰을 계속 보면서) 아 그래? 진짜 괜찮네.

태성　너 지금 내 말 듣고 있는 거야?

혜린　(핸드폰을 계속 보면서) 듣고 있어. 대답도 하잖아.

태성　내 말에 집중 좀 해주면 안 돼?

혜린　선생님도 유명하고 가격도 괜찮다며. 온라인으로도 들을 수 있다며. 거기 강의 괜찮아 보인다고 했잖아! 다 듣고 있는데 왜 그래?

진심은 말뿐 아니라 몸을 함께 써야 제대로 느껴진다. 아무리 듣고 있다고 대답해봤자 듣고 있는 자세가 아니라면 상대는 자신의 말을 듣고 있다고 생각하지 않는다. 설령 진짜 듣고 있었다 하더라도 말이다. 보디랭귀지는 말을 보완하거나 말로 하기 힘든 심리를 반영한다. 관심 있게 들으려는 자세인지 아닌지는 대화에 큰 영향을 미친다. 대화가 불편한지 편한지도 몸짓에서 나온다. 대화할 때 몸을 활용한다면 뜻을 더 효과적으로 전달할 수 있다. 상대방의 보디랭귀지를 읽고 대화를 어떻게 이어나가야 할지 생각해볼 수도 있다. 상대방과 어느 정도의 심리적 거리를 가지고 있는지 가늠할 수도 있다.

'파워포즈 효과'는 몸짓이 심리에 얼마나 영향을 미치고 반영하는지를 나타낸다. 하버드 경영대학원의 사회심리학 교수 에이미 커디는 2012년 TED 강연에서 이 효과에 대해 설명했다. 파워포즈는 힘이 넘치는 자세이다. 어깨와 허리를 펴고 당당한 자세를 취하면 자신감이 생긴다는 이론이다. 실제로 파워포즈를 취한 사람들은 기분 좋게 도전하고 성취하는 경향이 많아졌다. 반면 어깨를 늘어뜨리고 움츠린 자세를 한 사람들은 자신감이 줄어들고 스트레스가 높아졌다. 이처럼 몸과 심리는 강한 연결고리를 가지고 상호작용을 한다.

대화하고 싶지 않게 만드는 자세	대화하고 싶게 만드는 자세
• 다른 곳을 보며 대답한다. • 시선을 잘 맞추지 않는다. • 몸이 다른 곳을 향해 있다. • 팔짱을 끼거나 다리를 꼬는 등 거만하다. • 잘 들리지 않을 만큼 멀리 있다. • 너무 가깝게 다가와서 이야기한다. • 잘 반응하지 않는다. • 조급해보이거나 감정이 격해져 있다.	• 하던 일을 멈추고 상대방에게 몸을 기울인다. • 몸이 상대방을 향해 있다. • 당당하고 바른 자세로 예의를 차린다. • 상대방의 눈을 바라본다. • 감정을 공유하며 호응한다. • 미소를 짓고 있다. • 내용에 어울리는 몸짓으로 대화를 풍부하게 한다.

자세는 머리부터 발끝까지 전체적인 몸의 큰 그림을 말한다. 대화하는 자세에 따라 우리는 더 대화하고 싶기도 하고 더

이상 말을 섞고 싶지 않기도 한다. 자세에서 나오는 상대방의 마음이 말하지 않아도 느껴지기 때문이다. 말을 할 때도 마찬가지다. 대화하고 싶게 만드는 자세를 취해야 매력적인 대화가 가능하다. 눈을 맞추며 호응하는 자세는 누구나 다 아는 매우 기본적인 대화 자세이다. 기본이 가장 중요하다.

보디랭귀지 속에 담긴 정보를 어떻게 읽을 수 있을까? 영화 〈셜록 홈즈〉를 보면 탐정인 주인공은 사람들의 눈동자 움직임만으로도 거짓말인지 아닌지 어떤 심리인지 유추한다. 전직 FBI요원이자 스파이 전담요원을 가르치며 비언어 커뮤니케이션 전문가이기도 한 조 내버로는 말보다 행동이 더 정직하다고 말한다. 그는 신체 언어가 인간의 생각과 의도를 투명하게 내비칠 때가 많다고 한다. 단순 몸짓을 근거로 사람의 생각을 섣부르게 단언할 수는 없지만 몸짓이 많은 정보를 내포하고 있는 것은 분명하다. 그의 저서 『FBI 행동의 심리학』의 내용 일부를 살펴보자.

1) 손

손은 엄청나게 섬세한 기관이다. 아주 세밀한 작업부터 다양한 도구가 될 수 있다. 뇌가 손을 사용하는 데 굉장히 주의를 기울이기 때문이다. 생각을 효과적으로 전달하고 싶다면 손을 활용하자. 사람들은 손의 움직임을 상당히 긍정적으로 평가한다. 그 정도로 뇌는 손을 전체적인 소통 과정 중의 하나로 인식한다. 강의를 할 때도 손으로 핵심을 강조하거나 움직임을 표현하면 훨씬 전문성이 있어 보인다. 일상에서 대화할 때도 손의 역할이 크다. 대화하는 동안 손을 자연스럽게 보이도록 하는 것이 좋다. 손을 감추고 있으면 상대방은 무의식적으로 무언가 숨기고 있을 것이라는 의혹을 품게 된다. 상대방에게 우호적인 태도를 보이고 싶다면 손을 개방한 채 대화를 해야 한다.

2) 팔

뇌의 일부인 변연계는 감정, 기억 등을 담당하는데 이는 팔의 움직임으로 나타나기도 한다. 팔은 손보다 본능적이고 감정을 드러낸다. 활기가 넘치고 기분이 좋은 상태에서 사람들은 팔을 위로 올린다. 하이파이브를 할 때도 주로 팔을 위로 올린다. 팔을 높이 들어 올리는 동작은 흥분 혹은 기쁨을 나타내는 일반적인 반응이다. 반면 불안하고 무기력한 사람은 팔을 올리는 것을 어색하게 느낀다. 팔의 움직임이 너무 둔하거나 뻣뻣하다면 긴장되어 보이거나 떳떳하지 못해 보인다.

팔은 본능적으로 개인의 거리감을 나타내기도 한다. 양손을 허리에 올리거나 깍지를 끼고 머리 뒤로 넘긴 자세는 편한 사이에서 가능하다. 한쪽 팔을 펴서 다른 곳에 비스듬히 걸치는 듯한 자세도 편안하다는 것을 뜻한다. 최소한 동등한 관계이거나 자신이 위라고 생각할 때 주로 나오는 자세이다. 자신감 있어 보일 수도 있지만 자칫하면 상대방에게 거만한 인상을 심어줄 수도 있다. 마주 보고 앉았을 때 상대방과 팔이 얼마나 가까이 있는지도 심리적 거리를 나타낸다. 팔은 생각보다 많은 감각을 느낄 수 있다. 팔이 편안하게 가까이 있거나 접촉해있다는 것은 상대방의 변연계에서 편안함을 느끼고 있다는 의미이다.

3) 다리

영국의 인류학자인 데스몬드 모리스는 사람의 몸 중에서 발이 가장 정직하게 사람의 감정과 생각을 드러낸다고 했다. 가벼운 발걸음은 행복한 감정을 나타낸다. 반면 스트레스를 많이 받을 때는 발걸음이 무거워진다. 일반적으로 두 사람이 대화를 할 때는 마주 보고 대화한다. 그러나 불편한 사람과 이야기할 때는 자신도 모르게 발이 다른 곳을 향해 있다. 인간은 본능적으로 불편한 것으로부터 돌아서는 경향이 있기 때문이다. 발의 방향을 보고 상대방이 나와의 대화를 꺼리는지 아닌지 유추해볼 수 있다.

보디랭귀지를 활용하여 대화할 때 주의할 점이 있다. 상대방의 몸짓을 관찰하고 있다는 의도를 들키면 안 된다. 상대가 이를 알아챈 순간 부담과 불편함만 안겨줄 뿐이다. 대화의 맥락을 파악하며 보디랭귀지를 해석하는 것도 필요하다. 대화 맥락 없이 몸짓으로만 상대를 파악하면 오히려 소통을 방해할 수도 있다. 단순히 생활습관이나 반사행동은 아닌지 구분해야 한다. 상대방의 평소 행동 패턴을 알면 갑자기 행동 변화가 일어났을 때 그 의도를 파악하기가 더 쉽다. 보디랭귀지도 관찰이 필요하다. 관찰을 통해 비언어적 커뮤니케이션을 효과적으로 대화에 반영할 수 있다.

“5”

감정을 제대로 표현해야 상대방도 안다

우리는 조화롭게 살기 위해 각자의 감정과 욕구를 어느 정도씩은 숨기며 살고 있다. 호감 가는 이성이 있다고 자신의 마음만 주장하면 상대는 부담스러워하기 마련이고, 화가 난다고 해서 소리치고 격분하면 사람들은 도망간다. 속상하다고 온종일 눈물을 흘리며 지내면 사회생활을 하는 데 무리가 간다. 감정과 욕구를 참지 않고 마음 가는 대로 행동하다가는 주변에 아무도 남지 않게 된다. 소용돌이치는 감정을 드러내지 않는 것은 조화로운 사회를 위한 일종의 배려이다.

그러나 감정을 드러내지 못하는 것은 문제이다. 인간은 자신의 감정과 욕구를 표현하고자 하는 본능이 있다. 이런 감정과 욕구를 드러내고 타인에게 받아들여지면서 인간은 건강한 자기감을 기를 수 있다. 자기감이란 자신이 어떤 식으로 느끼고 있는지 아는 것으로 자신을 이해하는 데 필요한 주요 능력이다. 현대 사람들, 특히 한국인은 자신의 욕구와 감정을 드러내는 데 매우 어색하다.

익현 (약속 시간 1시간 지각) 여어~ 나 왔어!

태성 어. 왔어? ('늦어놓고 미안한 기색 하나 없네.')

익현 차가 막혀서 좀 늦었어. 하하하. 화났어?

태성 아니야. 괜찮아. 늦을 수도 있지.('연락이라도 미리 좀 해주지.')

익현 하하. 내가 늦었으니까 커피는 내가 살게!

태성 그래. 하하. ('커피는 됐으니까 앞으로 좀 늦지 마라.')

말로 괜찮다고 한다 해서 진짜 괜찮은 것이 아니다. 언제나 착한 것은 착한 것이 아니다. 진짜로 괜찮은 것인지 습관적으로 괜찮다고 하는 것인지 구분할 줄 알아야 한다. 무작정 참는 것만이 답은 아니다. 감정을 억누르고 욕구를 참는 것은 부작용이 있다. 감정을 누르기만 하다 보면 나중에는 지금 감정이 무슨 감정인지 제대로 인식하지 못하게 된다. 제대로 인식하지 못하면 원인을 제대로 해결할 수 없다. 사람들은 자신의 마음을 말하지 않아도 남들이 알아주길 바라지만 자신도 모르는 감정을 남들이 알기는 더 어렵다. 오랜 시간 억눌린 감정은 언젠가 폭발하고 만다. 그 폭발은 주로 감당하기 힘든 결과를 동반한다.

감정은 참는 것이 아니라 올바르게 표현하는 것이다. 사람들은 자신의 감정을 참거나 모른 체하는 것은 익숙하지만 표현하는 것은 익숙하지 않다. 남들이 알아주길 바라지만 남들이 알 수 있게 표현하는 방법은 모른다. 자신이 어떤 감정을 느끼는지 분명히 알지 못하면 욕구를 제대로 표현할 수 없다. 긍정적인 것도 부정적인 것도 건강하게 표현해야 한다. 제대로 표현하지 않으면 상대방은 모른다. 잘못된 표현을 하면 상대방은 오해할 수 있다. 제대로 표현한다는 것은 내 마음만 주장하는 것이 아니다. 내 감정을 인식하고 상대방을 배려하면서 알리는 것이다. 무작정 자신의 감정만 표현하는 것은 잘못된 표현 방법이다.

- 다양한 감정 표현하기

감정을 올바르게 표현하기 위해서는 우선, 자신이 무슨 감정을 느끼고 있는지 알고 인정해야 한다. 그리고 그것을 언어와 일치시켜야 한다. 감정을 제대로 표현하지 못하는 이유는 이 감정이 무슨 감정인지 잘 몰라서이다. 무슨 감정인지는 모르지만 좋거나 안 좋은 감정이다. 감정을 제대로 바라보는 훈련이 안 돼 있는 사람은 좋고 나쁜 것만 인식한다. 그리고 항상 습관적으로 쓰던 말로만 표현한다. 습관적으로 말한 감정대로 행동하게 되는 것이다. 인간은 아주 복잡미묘하고 다양한 감정을 느낀다. 습관적인 몇 가지 단어로 이런 감정들을 단일화하는 것은 감정을 올바르게 표현하는 것을 방해한다. 다양한 감정 단어를 쓰는 연습을 해야 한다.

재구　우리 이번 주말에 공원으로 피크닉 갈래?

소현　('피크닉? 오랜만에 바람이나 쐴까.') 그러던지.

재구　왜? 별로야? 주말에 다른 거 하고 싶은 거 있어?

소현　아니, 피크닉 가자며.

재구　피크닉 괜찮아?

소현　어, 괜찮아.

재구　피곤하면 안 가도 돼. 딱히 가고 싶어 하는 것 같지 않아서 그래.

자신이 무슨 감정인지 알지만 말을 못 하는 사람이 있다. 듣는 사람만 아쉽고 답답하다. 좋아도 좋다고 분명하게 말하지 못한다. 고마워도 고맙다고 말하지 못하고 사랑해도 사랑한다고 말하지 못한다. 이런 사람들은 감정 인식이 점점 무뎌진다. 결국 행복한 일이 있어도 충분히 행복해하지 못하게 된다. 고마운 줄 모르게 된다. 표현도 습관이다. 시큰둥한 것이 습관이 된 사람은 다르게 표현하는 것이 어색하다. 긍정적인 감정에 대한 표현은 많이 할수록 좋다. 좋으면 좋다, 고마우면 고맙다. 덕분이다. 충분히 말해 주면 상대방에게 긍정적인 감정이 전염될 수 있다. 당신을 긍정적으로 생각하게 된다.

긍정적인 감정은 표현이 조금 서툴러도 쉽게 용서가 된다. 사람은 기분이 좋으면 생각의 그릇이 넓어지고 상대방을 배려할 여유가 생기기 때문이다. 그러나 부정적인 감정은 표현할 때 더 조심해야 한다. 부정적인 상태일 때는 상대방까지 생각해줄 마음의 여유가 없다. 쉽게 극단적으로 표현할 수 있고 상대방에게 상처를 줄 수 있다. 부정적인 감정일수록 억누르기만 해서는 안 된다. 감정을 인식하는 데에 훨씬 주의를 기울이고 잘 표현해야 한다.

부정적인 감정은 정말 다양하다. 살짝 아쉬운 정도부터 시작해서 분통을 터뜨리는 것까지 정도도 다양하다. 그런 감정들을 획일화하지 않고 구분하여 알아채야 한다. 그리고 인정해야 한다. 인간이 감정을 느끼는 것은 자연스럽고 당연하다. 자존심 때문에 부러움을 모른 체하고, 아픔을 외면하고, 걱정과 근심을 숨기지 말자. 아니라고 해도 다들 느낄 수 있다. 오히려 그런 감정을 솔직하게 인정하고 표현하는 것이 훨씬 성숙해 보인다. 자신의 감정이 무엇인지 제대로 안다면 상대방에게 자신의 욕구와 감정을 전달하고 해결하기 수월해진다.

다양한 감정 단어					
편안한	감격스러운	수줍은	서운한	심통 난	화가 난
기운이 나는	만족스러운	자신이 있는	귀찮은	걱정스러운	소름이 끼치는
긴장이 풀린	궁금한	기쁜	억울한	근심스러운	언짢은
벅찬	행복한	유쾌한	당혹스러운	초조한	혼란스러운
몰두하는	정겨운	매료된	조급한	불안한	뻔한
놀란	느긋한	열정적인	안절부절못하는	슬픈	실망한
흐뭇한	존경하는	흡족한	경직된	무기력한	맥 빠진
감미로운	화사한	개운한	외로운	상처받은	아픈
감사한	뿌듯한	사랑하는	공허한	얼떨떨한	긴장된
반가운	전율이 오는	부러운	허전한	압도된	주저하는
신나는	다정한	든든한	놀란	두려운	부끄러운
부드러운	짜릿한	너그러운	겁나는	좌절된	피곤한
안도감	생기 도는	진정되는	짜증 난	지친	아쉬운
고마운	산뜻한	황홀한	지루한	위축된	풀 죽은
즐거운	흥분되는	기대되는	그리운	안타까운	무서운
홀가분한	미안한	좋아하는	답답한	분한	막막한
포근한	친근한	안정적인	속상한	성가신	절박한

호감이 가는	웃긴	재밌는	의아한	난처한	창피한
기대되는	생생한	힘찬	지겨운	민망한	뒤숭숭한
호기심	흥겨운	통쾌한	약이 오르는	샘나는	난감한
흥미로운	감동적인	뭉클한	서러운	시큰둥한	후회되는
고요한	관심이 있는	의욕적인	허탈한	따분한	조심스러운
인정받는	당당한	이해받는	우울한	막막한	울적한
설레는	안심되는	들뜬	긴장되는	초조한	당황한
자랑스러운	자유로운	평온한	조마조마한	주눅이 드는	진땀 나는
느긋한	보람이 있는	희망에 찬	겸연쩍은	얄미운	측은한
신비로운	후련한	평화로운	안쓰러운	격노한	원망스러운
아늑한	포근한	신바람 나는	황당한	괘씸한	못마땅한
용기가 있는	친절한	상큼한	야속한	거북한	오해받는
부담스러운	오싹한	냉랭한	비참한	진절머리가 나는	멍한
어색한	지긋지긋한	위험한	느끼한	질린	무료한

“6”

명령이 아닌 부탁을 해야 관계가 좋아진다

명령하는 듯한 말투를 좋아하는 사람은 없다. 존중받는 느낌이 들지 않고 무시당하는 느낌을 받기 때문이다. 보통 상대방을 아래로 생각할 때 명령하는 어조가 쉽게 나온다. 일상에서 명령하는 듯한 말을 들으면 기분이 나빠지고 반감이 생긴다. 잔소리가 듣기 싫은 이유도 시키는 듯한 느낌을 주어서다. 직급이 있는 직장에서도 마찬가지다. 명령 말투를 들으면 응당 해야 하는 일인 걸 알고 있어도 하기 싫어지는 것이 사람 마음이다. 사람들은 자신을 아껴주는 사람과 함께하고 싶지 자신을 아래로 보는 사람과는 함께하고 싶지 않아 한다.

지수 펜 좀 줘봐.

재규 응.

지수 저쪽에 종이도 좀 가져와.

재규 그건 네가 좀 가져오지?

부장 여기 이 부분 잘못됐잖아. 수정해.

직원 이 부분은 사수님이 이렇게 해달라고 말씀하셨는데요.

부장　　잘못됐다니까? 부장이 수정하라면 해.

직원　　…네, 알겠습니다.

우리는 상대방이 어떤 행위를 해줬으면 하는 마음이 들 때 상대방에게 요청을 한다. 상대방에게 내 욕구와 의사를 들어달라 설득하는 것이다. 상대방이 납득하면 요구를 들어주는 결과가 나타난다. 명령도 요청의 하나이다. 그러나 강압적인 말투는 어디서나 저항을 불러온다. 친분이 어느 정도 형성된 사이라면 지적을 통해 고칠 수도 있다. 수직적인 직장에서는 사회적인 관계 유지를 위해 겉으로는 요청을 들어줄지 모른다. 그러나 쉽게 반감이 생기고 지속적으로 따르고 싶지 않다. 명령 어조를 주로 쓰는 사람은 교만해 보이고 교만한 사람을 위해 애써주고 싶은 사람은 없다.

보통 사람은 상대방의 기분은 어떠한지, 무리한 요구는 아닌지, 요구에 대한 미안함 혹은 감사함을 담아 요청한다. 요청할 때 배려를 곁들이지 않으면 명령이 되기 쉽다. 일반적으로 나이가 어린 사람, 직급이 낮은 사람은 나이가 많고 직급이 높은 사람에게 요청할 때 존중을 해주는 편이다. 은연중에 자신이 위라는 생각을 가지면 그 배려를 쉽게 생각하고 생략할 때가 많다. 거만해지기 쉽다. 나이가 많거나 직급이 높다고 사람을 함부로 대해도 되는 것은 아니다. 사장이 월급을 준다고 거만해도 되는 것은 아니다. 직장에서 상사를 따라야 하는 이유는 일이라는 공동의 목표를 잘 수행하기 위해서이지 그들보다 낮은 존재라서가 아니다.

지수　펜 좀 빌려줄래?

재규　그래.

지수　저쪽에 종이도 가져와 줄 수 있어?

재규　그래. 한 장만 필요하지?

지수　응. 고마워.^^

부장　여기 잘못된 부분이 있는 것 같은데, 수정해줄 수 있겠나?

직원　이 부분은 사수님이 이렇게 해달라고 말씀하셨는데요.

부장　자네 사수가 뭔가 오해를 한 것 같네. 내가 보기엔 이게 맞는 것 같은데 수정을 부탁하네.

직원　지금 보니 부장님 말씀이 맞는 것 같습니다. 바로 수정하겠습니다.

강압적인 태도 대신 가져야 할 것은 정중한 태도이다. 배려는 아래에서 위로만 향하는 것이 아니다. 배려를 담아 명령이 아닌 부탁의 형태로 요청해야 받아들이는 사람도 기꺼이 들어줄 수 있다. 나이, 직책에 상관없이 사람을 존중할 줄 알아야 한다. 업무를 지시할 때도 상대방을 배려하는 마음이 있어야 한다. 우호적인 태도를 가지고 공동의 목표를 향해 상대방의 참여의식을 고취하는 것이 필요하다. 명령이 아닌 존중을 담아 요청해야 한다. 그래야 기분 좋게 능동적인 협조가 가능하다.

명령 어조를 자주 사용하는 사람의 심리 너머에는 강해 보이고 싶다는 욕구가 들어있다. 강압적인 말투를 통해 다른 사람들이 자신을 만만하게 보지 않기를 원한다. 낮은 자세로 다가가면 무시당할지도 모른다고 생각한다. 명령하는 사람의 심리에는 존중받고 인정받고 싶다는 숨은 욕구가 들어있다. 그러나 명령받는 사람도 똑같이 존중받고 싶어 한다는 것을 알아야 한다.

정중한 태도로 요구하는 것이 오히려 더 지적이고 성숙해 보인다. 상대방을 존중해주는 태도는 넓은 그릇을 가지고 있는 사람처럼 느껴지게 만든다. 명령 대신 "부탁할게."와 같이 정중한 부탁을 해야 한다. 실제로 미국 가톨릭 대학교 루이스 파라다이스L. V. Paradise의 실험은 이를 뒷받침한다. 정중한 말을 하는 상담사와 그렇지 않은 상담사가 녹화된 비디오를 보여주고 어떤 인상을 받는지 많은 사람에게 물었다. 그 결과 정중한 말을 사용하지 않는 상담사의 경우 "지적으로 보이지 않는다.", "냉정하다.", "유능해 보이지 않는다.", "전문가처럼 보이지 않는다."라며 부정적인 인상을 받았다고 대답했다.

명령이 기분 나쁜 가장 주된 이유 중 하나는 선택권이 없기 때문이다. 명령을 들으면 자신의 의사와 상관없이 무조건 수행해야 하는 것으로 느껴진다. 인간에게는 자신이 어떤 행동을 할지 선택할 수 있는 자유가 있다. 명령은 이 선택의 자유를 무시하기에 존중받지 못하는 느낌을 받는다. 이런 문제를 손쉽게 해결할 수 있는 방법은 상대방에게 선택권을 주는 것이다. 부탁은 상대방에게 선택권을 주는 가장 쉬운 요청 방법이다. 무조건 해야 하는 것이 아니라 할지 말지에 대해 상대방이 선택할 수 있도록 해야 한다. 결국 똑같이 해야 하는 일이라도 시켜서 하는 것과 자신이 선택해서 하는 것과는 큰 차이가 있다.

상대방이 스스로 선택한다고 느끼는 것이 가장 중요하다. 들어주지 않으면 벌을 받는다든가 죄의식이 느껴지는 부탁은 부탁이 아니다. 부탁을 빙자한 강요이다. 사람은 강요받는 느낌이 들면 거부감을 느낀다. 강요가 아닌 순수한 협조를 끌어내야 한다. 하버드 법학대학원을 나온 변호사 다니엘 릭터는 상대방을 압박하면서 논리를 주장하면 아무리 옳은 이야기라도 상대방에게 반감을 심어준다고 했다. 반감은 변호하는 데 불리하게 작용하기 때문에 그는 우호적이고 정중한 태도로 표현하기 위해 애썼다. 이 노력은 그를 성공한 변호사로 만들어주었다.

부탁할 때 제안과 질문을 이용하면 선택권을 주는 느낌을 줄 수 있다. "해!", "안 돼!"보다 "해주시겠어요?", "이런 부분도 고려해주세요.", "다른 건 어때?"라고 말했을 때 상대방은 거부감을 덜 느끼고 협력할 마음이 생긴다. 행동을 요구하는 일도 일종의 설득이다. 자신이 원하는 것을 해달라고 설득하는 과정이다. 미국 메릴랜드 대학교의 애리사 존스A. S. Jones는 설득할 때 결론을 강요하는 것보다 결론을 상대방에게 미루는 것이 오히려 상대방이 쉽게 받아들인다고 했다. "이렇게 해야 한다!"라고 하는 것보다 "이렇게 하는 것이 좋지 않을까?", "이렇게 하는 게 어때?"라고 상대방이 결론을 짓게끔 하는 것이 더 효과가 좋다는 말이다.

부탁은 상대방으로 하여금 내 요구에 따르는 느낌이 아니라 내가 요청한 요구를 수락하는 뉘앙스가 중요하다. 미세한 뉘앙스지만 듣는 사람에겐 자신을 존중하는지 존중하지 않는지 전부 느껴진다. 오히려 편한 사이에는 말도 편하게 나오기 쉬우므로 상대방이 오해하기 쉽다. 그러나 편한 사이일수록 더 존중해주어야 한다. 편하니까 전부 들어줄 거라는 생각은 큰 오산이다. 부탁은 긍정적인 표현을 사용하여야 하고, 부탁 후에는 거기에 대한 감사도 표하는 것이 좋다. 무엇이든 당연한 것은 없다.

“7”

팩폭은 무례하지 않게 해야 관계가 좋아진다

팩트는 사실이다. 사실을 잘 전달해야 오해의 소지를 없앨 수 있다. 칭찬에 사실을 곁들이면 칭찬의 순기능을 확대할 수 있다. 칭찬을 더 구체적이고 신뢰감 있게 만들어준다. 현실을 담은 일침은 상대를 깨우치게 할 수도 있다. 통찰이 담긴 사이다 팩트를 날리는 것은 통쾌하기까지 하다. 사실 자체는 좋은 기능이 많다. 그러나 공감이나 배려 없는 사실 전달은 흔히 말하는 팩폭(팩트 폭격)이다.

팩폭은 팩트 폭격, 팩트 폭행, 팩트 폭력의 줄임말이다. 사실을 기반으로 하여 다른 사람을 지적하는 행위를 말한다. 주로 상대방이 감추고 싶어 하는 부분이나 실수, 놓친 부분을 적나라하게 드러내어 반박할 수 없게 만든다. 팩폭을 당한 사람의 입장에서는 자신의 주장이 부정당했다고 느껴 마음에 상처를 입을 수도 있다. '사실을 말하는 게 죄인가?'라고 생각한다면 상대방의 입장을 생각하려는 노력이 필요한 사람이다.

사실을 말하는 것 자체는 잘못된 것이 아니다. 그러나 사실을 자신이 편한 대로만 말하는 것은 배려가 부족하고 생각이 짧은 것이다. 괜히 폭력과 폭행이라는 거친 단어가 붙은 것이 아니다.

재현 아까 네가 한 말 말이야. 그 친구가 듣기엔 좀 기분 나쁘지 않았을까?

인순 그게 뭐 어때서? 난 사실을 말한 것뿐인데?

재현 네 말이 맞긴 한데…. 그래도 좀 더 공감해줬으면 어땠을까 싶어서.

인순 내가 원래 공감을 잘 못해. 다 걔가 잘 되었으면 하는 마음에 말하는 거지.

재현 그렇긴 하지.

인순 나니까 이렇게 솔직하게 얘기해주지. 누가 또 이렇게 말해주겠어?

재현 ….

팩폭은 양날의 검이다. 순기능을 할 수도 있고 그렇지 않을 수도 있다. 팩트는 주로 논리적이고 합리적이라 깨달음을 주기도 하지만 악용, 남용되는 사례도 많다. 솔직하고 직설적이라는 말을 하며 자신의 생각을 아무렇지 않게 던지는 사람들이 있다. 자신의 생각은 사실적이고 매우 이성적이며 옳은 것이라는 뉘앙스를 담는다. 상대방이 따끔한 충고로 받아들일 것이라고 생각하며 자신의 팩폭을 정당화하기도 한다. 그러나 긍정적 영향을 미치지 못하는 팩폭은 그저 무례한 언어폭력 중 하나일 뿐이다.

특히 부정적인 팩폭은 비난과 조롱이 되기 쉽다. 말하는 사람의 의도는 그게 아니라도 듣는 사람의 입장에서는 오해하기 딱 좋다. 성장보다는 불쾌감만 키운다. 진정 상대방을 위한 일침이 필요하다면 상대방이 불쾌하지 않도록 전달하는 방법을 알아야 한다. 사실을 어떻게 전달해야 할지 충분히 고민해야 한다. 솔직한 것은 좋다. 그러나 솔직한 이야기는 적나라하기 때문에 전달 방법도 신경을 써줘야 기분 나쁘지 않게 들린다. 너무 솔직한 것은 무례하게 느껴질 뿐이다.

민희 내가 돌려 말하는 걸 잘 못 해서 하는 말인데, 기분 나빠하지 말고 잘 들어봐.

수지　뭔데?

민희　솔직히 너도 말 예쁘게 하는 편이 아니잖아. 아무 데서나 비속어 쓰고 험담하는 거 되게 센 척하는 것처럼 보여.

수지　그래서?

민희　그런 것 좀 고쳤으면 좋겠다고. 듣는 사람 다 도망가겠어.

수지　너나 잘해. 난 내가 알아서 할 테니까.

솔직하고 직설적으로 말하는 것은 무례해보이기 쉽다. 오로지 자신만을 위한 솔직함이다. 말주변이 없다고 생각나는 대로 말하는 것은 주의하는 게 좋다. 그런 말은 화살처럼 상대방의 마음에 꽂히기 때문이다. 그럴 땐 적어도 상대의 마음 앞에 방패를 만들어주어야 한다. 별생각 없이 말을 꺼냈는데 상대방이 잘 들어줬다면 당신이 말을 잘해서가 아니다. 당신이 편하게 대화할 수 있는 건 상대방의 배려 덕분이다. 우쭐해할 것이 아니라 고마워해야 한다.

상대방이 편하게 받아들일 수 있는 방법을 생각해야 한다. 당신이 전달 방법에 신경을 쓸수록 상대방은 더 편하게 받아들일 수 있다. 기분 좋게 당신의 말을 고려하고 반영할 수 있다. 심리학자 다니엘 골먼은 "상대를 편하게 해 주는 만큼 당신이 도달할 수 있는 곳도 높아진다."라고 말했다. 상대방의 마음도 어루만져줄 줄 아는 사람의 그릇은 더 커지기 마련이다. 팩트 전달도 상대방이 듣기 편하게 말해보자.

정신건강의학과 의사인 오은영 박사는 다양한 TV 프로그램에서 많은 이들의 고민을 들어주고 솔루션을 내주신다. 오은영 박사님도 유명한 팩트 폭격기 중 한 명이다. 그녀는 거짓으로 진실을 감추거나 비위를 맞춰주지 않는다. 내담자가 말문이 막힐 정도로 따끔하게 말할 때가 많다. 그러나 내담자들은 박사님의 뼈아픈 일침에도 기분 나빠하긴커녕 잘못을 깨닫거나 위안을 받는다. 충분한 공감과 함께 진솔하지만 중립적인 입장을 유지하면서 소통하기 때문이다. 진실을 전하면서도 상대방이 마음의 문을 닫지 않도록 보살피기 때문이다. 오은영 박사가 많은 사람들의 존경과 사랑을 받는 이유이다.

모든 사람이 오은영 박사처럼 말해줄 수 있다면 얼마나 좋을까. 충분히 공감도 해주면서 기분이 상하지 않는 깨달음도 주는 사람이 주변에 가득하다면 정말 감사한 일이다. 사실 공감에는 엄청난 에너지가 필요하다. 팩트를 기분이 상하지 않도록 배려하며 전달하는 것은 매우 어려운 일이다. 모든 사람이 그것을 훌륭하게 해낼 수 있으면 좋겠지만 모두가 전문가도 아닐뿐더러 언제나 에너지가 충분한 것도 아니다. 하지만 몇 가지 방법을 이용한다면 충분히 팩트를 기분 상하지 않게 전달할 수 있다.

한 가지 방법은 공감이다. 팩폭이 매우 차갑고 아프게 느껴지는 이유는 애정을 느낄 수 없기 때문이다. 사실을 전달하더라도 상대방이 어떻게 받아들일까 고민해봐야 한다. 상대방이 불편할 만한 이야기는 꼭 필요한 상황이 아니라면 굳이 안 꺼내는 것이 좋다. 그러나 불편한 진실을 항상 모른 척하며 살 수는 없다. 때로는 사실을 알려줄 필요성도 있다. 그럴 때는 차가운 사실을 전하기 전에 공감의 한마디를 먼저 던져야 한다. "그 상황에선 나라도 그렇게 생각했을지도 몰라. 그런데 그런 상황에서는 이렇게 하는 게 좋을 것 같아.", "네 상황이 어떤지 충분히 이해가 가. 그래도 이 부분은 너의 잘못이 맞는 것 같아." 공감 한마디로 아프지 않게 팩트를 전달할 수 있다.

부정적인 팩트는 언제 어떻게 들어도 기분이 상할 수 있다는 것을 알아야 한다. 어떤 형태의 지적이든 지적은 지적이다. 기분 좋은 지적은 없어도 기분이 상하지 않는 지적은 가능하다. 바로 칭찬과 함께하는 지적이다. 이때 순서도 중요하다. 칭찬과 지적. 어떤 것을 먼저 말해야 할까? 정답은 칭찬과 지적이 2:1이어야 한다. 지적의 앞뒤를 칭찬과 격려의 말로 감싸줘야 상대방의 마음이 다치지 않을 수 있다. 엄청난 칭찬은 아니라도 앞뒤로 쿠션 언어를 붙여주어야 한다.

팩폭은 비난과 조롱이 되기 쉽다. 아무리 사실이라도 상대방을 몰아넣은 것은 무례한 것이다. 사실을 확인 사살시킴으로써 거짓말쟁이 혹은 허풍쟁이들을 다그치기도 하다. 팩폭을 하다 보면 팩트를 던지는 사람도 감정에 휩쓸리기 쉽다. 상대방을 팩트로 짓밟아 굴복시키겠다는 의지가 담기면 그 대화는 상처로 끝나기 일쑤다. 일상생활에서의 대화는 심문이 아니다. 심지어 자신이 잘못 알았던 사실이었거나, 예전엔 사실이었어도 지금은 사실이 아니게 된 경우도 있다. "구라 치지마! 어디서 이미지 세탁하고 있어!"보다는 "어? 예전보다 훨씬 성장했구나."라며 자신이 아는 사실이 바뀌었을 가능성도 염두에 두어야 한다.

때로는 정곡을 찌르는 것이 효과적인 의사소통에 도움을 주기 한다. 그러기 위해서는 명확한 사실을 이야기해야 한다. 분명한 근거가 있고 합리적인 논리가 되는지 먼저 검토해야 한다. 어쭙잖은 사실로 감정만 상하게 하지 않도록 주의하여야 한다. 단어를 신중히 선택하여야 하고, 긍정적인 단어를 선택하는 것이 좋다. 언제든 자신도 틀릴 수 있다는 열린 관점을 가지고 있어야 한다. 사실이 바뀔 수 있다는 사실도 알아야 한다. 사실보다는 사실에 숨겨진 동기, 사실이 미치게 될 영향, 가치에 집중하여 대화를 끌어나가야 한다.

“8”

나의 의도를 제대로 전달하는 말 기술이 있다

대화를 하다 보면 분명 상대방과 같은 이야기를 하고 있는 줄 알았는데 알고 보니 그렇지 않을 때가 있다. 중의적인 의미를 다르게 해석하거나, 같은 단어를 다르게 해석하기 때문이다. 다른 상황을 생각하면서 말할 때도 마찬가지다. 억양과 뉘앙스에 따라서도 같은 말이 기분 나쁘게 들리기도 하고 좋게 들리기도 한다. 계속해서 의도와는 다르게 전달되면 당황스러울뿐더러 오해도 생기기 쉽다. 말하는 사람은 자신이 이해받지 못한다고 느낀다. 말이 안 통한다는 느낌은 점점 대화를 단절시키는 이유가 된다.

윤정　재구 씨, 지난번에 봤던 자료 있죠? 그것 좀 메일로 보내주실 수 있나요?

재구　네! 잠시만요!

(잠시 뒤)

윤정　아니, 이 자료 말고요! 지난번에 다 같이 봤던 자료요!

재구　이게 그때 다 같이 봤던 자료인데요?

윤정　그, 그, 클라이언트가 예시로 보여준 자료 있잖아요!

재구　그럼 진작 그렇게 말씀하셨어야죠. 저희 측에서 만든 자료인 줄 알았어요. 바로 보내드릴게요.

소통이 되었다고 생각했는데 알고 보면 그렇지 않을 때가 있다. 이때의 가장 큰 이유는 소통이 잘되었다고 착각했기 때문이다. '개떡같이 말해도 찰떡같이 알아듣는다.'라는 말이 있다. 대충 말해도 상대방이 잘 알아듣는다는 것을 표현하는 말이다. 상대방이 내 의도를 잘 알아주면 이해받는 것 같고 소통이 잘된다는 느낌을 준다. 일명 '통'한다고 느낀다. 친분이 쌓인 사이일수록 말하지 않아도 상대방이 내 마음을 잘 알아줬으면 하는 기대가 크다. 그러나 현실은 찰떡같이 말해도 개떡같이 알아듣는 일이 다반사다.

대부분은 자신의 말을 전달만 하면 된다고 생각한다. 그러나 말이 입 밖으로 나온 순간부터 그것은 자신의 것이 아니다. 경영학자이자 작가인 피터 드러커는 "소통에서 내가 한 말은 중요하지 않다. 그보다는 상대가 무슨 말을 어떻게 들었는지가 훨씬 중요하다."고 말했다. 자신의 머릿속에 있는 내용이 그대로 상대방에게 전달되기 위해선 많은 주의가 필요하다. 사람마다 다른 감정을 가지고 다른 위치에서 생각을 하기 때문이다. 올바른 소통을 위해서는 상대방에게 나의 말이 잘 전달되었는지 확인하는 과정이 꼭 필요하다.

※ 전달 확인하기

- ~라는 뜻으로 이해했는데 맞나요?
- 그 말씀은 ~라는 것인가요?
- 그러니까/ 한마디로 ~라는 거죠?
- 제가 바르게 이해한 게 맞나요?
- 그 말은 무슨 뜻인가요?
- 예를 들면 ~한 건가요?
- 헷갈려서 그러는데 그 부분은 ~라는 말씀이시죠?

철원　나랑 얘기 좀 하자.

익현　무슨 얘기? 빨리 말해. 나 지금 좀 바빠.

철원　지난번에 애들이랑 여행 가기로 했었잖아. 어디로 갈지 생각해봤어?

익현　제주도 가면 되지 않을까?

철원　또 제주도야? 제주도는 저번에 갔잖아.

익현　또 가는 거지.

철원　제발 진지하게 좀 생각해봐봐.

익현　그럼 나중에 이야기하자. 나 지금 해야 하는 일이 있어서.

의도를 잘 전달하기 위해서는 먼저, 듣는 사람의 상황을 파악해야 한다. 상대방이 바쁜 상태인지, 심적으로 힘든 상태인지, 기분은 어떠한지, 집중력이 흐트러져 있는지, 내 의도가 잘 전달될 만한 상황인지 빠르게 눈치채는 것이 중요하다. 대체로 상대방의 마음이 여유로운 상태여야 내가 원하는 대로 잘 받아줄 가능성이 높아진다. 화장실이 임박한 사람에게는 무슨 말을 해도 귀에 잘 들어오지 않는다. 시간이 촉박한 상황도 마찬가지이다. 이럴 때는 급한 용건만 빠르고 간단하게 전달하는 것이 좋다.

상대방이 심적, 시간적 여유가 있는 상태라면 알아듣기 쉽게 친절히 말해줘야 한다. 상대방 머릿속에 그림을 그리듯이 상세하게 말해야 한다. 다만 말이 길어지면 상대방은 자연스레 딴 생각을 하기 쉽다. 친절하고 상세하되 지루하진 않아야 한다. 다양한 예시 활용을 하면 도움이 된다. 지루해지면 집중력이 흐트러져 흘려듣게 되고 금방 까먹는다. 친절히 말한다는 것은 이런 현상들을 자연스러운 현상으로 인지하고 받아들이며 말한다는 것이다.

직원 부장님, 지난번 미팅 관련해서 말인데요.

상사 저번 미팅이 왜?

직원 그때 나왔던 안건 중에서 프로젝트 예산 말인데요.

상사 예산이 왜?

직원 처음에 계획할 때는 이 정도면 되겠다 싶었는데 지금 생각해보니까 몇 개는 취소해도 될 것 같고 몇 개는 추가해도 될 것 같다는 생각이 드네요.

상사 그래서 자네는 어쩌고 싶은 건가? 예산이 줄어든다는 건가 늘어난다는 건가?

직원 크게 늘진 않을 것 같긴 한데, 조금 늘 것 같습니다.

상사 알겠네.

말을 하다 보면 처음 의도와는 다르게 장황하게 말하게 되기도 한다. 그렇지 않으려면 의도를 명확하게 정해놔야 한다. 말하기 전에 말하고자 하는 내용의 요점과 목적을 먼저 되뇌어 보아야 한다. 흔히 결론을 두괄식으로 말하는 것이 좋다고 한다. 그러려면 요점 정리가 선행되어야 한다. 말하기 전에 말하려는 의도를 한번 정리해보자. 대화의 목적이 친목 도모인지, 하소연으로 위로를 받고 싶은 것인지, 인정과 칭찬을 받고 싶은 것인지, 중요한 사실 전달을 하려는 것인지, 갈등을 해결하려는 것인지 생각해보자. 대화의 목적을 상기하면 하고 싶은 말이 분명해진다. 요점을 정리하면 대화가 삼천포로 빠져도 쉽게 돌아올 수 있다. 상대방이 이해하기도 편하다.

오해하지 않게 의도를 전달하려면 말하는 사람이 편하게 말하면 안 된다. 말하는 사람만 편한 말은 듣는 사람을 불편하게 할 확률이 크다. 오해의 소지가 있는 단어는 피하고, 의도한 감정, 목적에 부합하는 말투와 표정을 지어야 한다. 숨겨진 의도와 밖으로 드러난 언행들을 일치시키는 훈련이 필요하다. "진짜 대단한데?"라는 간단한 말도 말하는 사람의 의도에 따라 칭찬이 될 수도 비꼬는 말이 될 수도 있다.

아무리 그런 의도가 아니었다고 해도 의도와 언행이 일치하지 않으면 상대방은 오해할 수도 있다. 어색하더라도 의도와 언행이 일치하도록 말해야 오해가 없다. 의도치 않게 상대가 자신의 말을 오해한 것 같다면 바로 사과하는 것이 좋다. 그럴 의도가 아니었다는 것을 분명히 밝히고 사과해야 한다. 오해는 즉시 풀어야 효과가 좋고 감정의 골이 생기지 않는다.

나중에 얘기해야지 하다간 타이밍을 놓칠 수도 있고 오해로 남겨진 채 지나갈 수도 있다.

상대가 자신의 말을 주의 깊게 안 들었다고 느끼면 반복해서 말하게 된다. 인간은 쉽게 망각하기 때문에 필요하다면 반복해서 이야기하는 것이 좋다. 그러나 상대방이 잘 못 알아들은 것 같아 반복해서 말하는 것은 오히려 짜증만 불러일으키기도 한다. 상대방은 아예 귀를 닫아버릴 수도 있다. 만약 반복해서 말해야 하는 내용이라면 어느 정도 시간적 간격을 두고 이야기하는 것이 좋다. 문장의 표현도 조금씩 다르게 해주는 것이 짜증을 덜 나게 하는 방법이다.

살다 보면 말이 안 통하여 답답할 때가 많다. 어딜 가나 말귀를 제대로 못 알아먹는 사람이 있다. 대부분은 말귀를 못 알아먹는 사람을 답답해하며 나무라기도 한다. 그러나 상대가 못 알아먹게 말한 자기 자신을 나무라진 않는다. 자신의 머릿속에서 일어나는 일들은 자신만 안다. 내가 아는 걸 남도 알 거라고 생각해 나만 아는 단어를 사용하거나 중간을 생략하기도 한다. 소통이 제대로 안 될 때는 자신의 말과 표현을 먼저 의심하고 점검해보자. 상대방이 자신의 말을 당연히 알아들었을 거라 생각하지 말자.

“9”

공감 대화를 하기 위해서는 세심한 관찰이 필요하다

당신은 공감을 잘하는 편인가? 슬픈 장면을 보고 눈물이 나면 공감을 잘하는 사람이고 눈물이 한 방울도 안 나면 공감을 못하는 사람일까? 공감 능력이란 상대방의 감정을 존중하고 함께 느끼는 것이다. 더 나아가 역지사지를 실천하는 것이 공감이다. 우리는 보통 상대방에게 공감하며 대화하고 싶고 위로해주고 싶고 격려해주고 싶다. 분명 마음으로는 그렇다. 잘 공감해주고 싶지만 생각대로 안 될 때가 많다. 실제로 하는 공감은 허울뿐일 때가 많다. 상대방의 말을 듣고 무조건 동의해주는 것은 공감이 아니라 공감하는 척이다. 어쭙잖은 공감은 안 하느니만 못하다.

사람은 누구나 감성적인 부분, 이성적인 부분을 모두 가지고 있다. 두 가지를 조화롭게 가지고 있는 것이 이상적이지만 간혹 한쪽으로 치우친 사람들이 있다. 감정에 치우쳐 사실을 제대로 보지 못하거나 사실만을 중요시하여 타인과 감정을 교류하지 못한다. 상황에 따라서 감정보다는 사실과 논리를 우선시하는 것도 중요하다. 그러나 더불어 사는 사회에서 감정을 배제하고 살아간다는 것은 매우 어려운 일이다. 그렇기에 사회생활 중에 타인의 감정을 이해할 수 있는 공감 능력은 꼭 필요한 능력 중 하나이다.

흔히 자신이 이성적이라고 생각하는 사람들이 공감을 잘 못하는 경향이 있다. 이성적이기 때문에 공감을 못하는 것이 아니다. 정서 지능이 낮은 것이다. 정서 지능이란 자신과 타인의 감정을 제대로 인식하고 상황에 알맞게 대응하는 능력을 말한다. 이성적이기 때문에 공감을 잘 못한다는 사실을 당연하게 받아들이지 말자. 감정적이라고 공감을 잘하는 것도 아니다. 감정적인 것은 단지 자신의 감정만을 느끼는 것일 뿐이다. 공감은 자신이 아닌 상대방의 감정을 이해하는 것이다. 여자라고 전부 감성적인 것도 아니고 남자라고 다 이성적인 건 아니다. 남녀 차이가 아니라 정서 지능의 차이이다.

가부장적이었던 과거 한국 사회에서는 정서 지능을 발달시키기가 꽤 어려웠다. 공감도 영어처럼 배워야 할 수 있다. 지금까지 공감하는 법을 제대로 배우지 못했다면 지금이라도 배우는 것이 좋다. 날이 갈수록 현대 사회에서 정서 지능의 중요성은 커지고 있다. 이성적이면서도 정서 지능이 높은 사람은 그릇이 커 보인다. 논리를 유지하면서도 상대방의 마음을 이해해 줄 수 있기 때문이다. 이는 인간관계에 엄청난 영향을 미친다. 당신이 감정적이든 이성적이든 정서 지능을 훈련하고 공감 능력을 배우려고 노력하는 것은 매우 중요하다.

딸　　나 진짜 학교 가기 싫어.

아빠　왜?

딸　　재미도 없고 선생님도 싫어. 빨리 성인 돼서 학교 안 갔으면 좋겠어.

아빠	학생일 때가 제일 좋을 때야. 청춘이 얼마나 즐겁니? 다른 거 생각 안 하고 공부만 하면 되고 말이야. 지금은 다니기 싫어도 나중에 생각하면 다시 돌아가고 싶을걸!
딸	아니야. 진짜 가기 싫단 말이야. 다 커도 안 돌아오고 싶을 거야.
아빠	네 나이 땐 모를 수 있지. 그렇지만 성인이 되면 분명 학창 시절로 돌아가고 싶을 거야. 그러니까 조금만 참자.

공감 대화를 하기 위해서는 상대방의 상황을 잘 알려는 노력이 필요하다. 호기심을 가지고 상대방 말에서 단서를 찾아 질문하며 알아가야 한다. 딸은 빨리 성인이 되어 학교를 안 가고 싶다고 했다. 아빠는 딸에게 학창시절과 젊음의 긍정적인 면을 강조한다. 그러면서 가기 싫어도 참아보자고 이야기한다. 과연 이 아빠는 제대로 된 공감 대화를 하고 있는 걸까? 아빠는 딸을 올바른 방향으로 끌어주기 위해 노력했지만 이 부녀의 대화는 공감 대화라고 볼 수 없다. 공감은 설득이 아니다. 딸이 왜 학교에 가기 싫은지, 왜 선생님이 싫은지 질문하며 딸의 상황을 궁금해해야 공감 대화로 넘어갈 수 있다. 설득은 그다음이다.

상대방이 무슨 상황에 처한 것인지 어떤 감정 상태인지를 알아야 제대로 공감할 수 있다. 대부분의 사람들은 제대로 알아보지 않고 상대방의 상황과 감정을 유추한다. 그리고 자신의 입장에서 해석하고 판단하는 경우가 많다. 상대방의 상황에 자신을 이입해서 공감해보려 하지만 상대방과 자신은 다른 사람임을 인지하지 못한다. 예전에 자신이 겪은 경험과 느낌을 토대로 나라면 이렇게 느낄 테니 상대방도 이렇겠지 하며 짐작한다. 나였다면 어땠을지가 아니라 상대방이 왜 그런 생각을 하는지 궁금해야 한다. 자신의 경험과 비교하며 지레 짐작하여 말하는 것은 전혀 공감받는 느낌을 줄 수 없다.

제대로 잘 알기 위해서는 자세히 물어봐야 한다. 취조하는 느낌이 아니라 "너의 이야기가 궁금해. 너와 이야기하고 싶어."라는 느낌을 받도록 물어봐야 한다. 자신은 드러내지 않으면서 궁금한 것만 물어보면 취조 받는 느낌을 들게 한다. 공감하는 느낌이 들도록 물어보려면 타인의 이야기 속에 숨은 감정을 물어봐야 한다. 숨은 욕구를 눈치채고 그것에 대해 좀 더 이야기해달라고 요청해야 한다. 나를 내려놓고 물어볼 줄 알아야 한다. 선입견을 버리고 함부로 평가나 비판하지 말아야 한다. 상대방이 자신의 이야기를 경청하고 있다고 느끼면 사람들은 공감받는다고 느낀다.

호기심을 가지고 질문하는 것. 배려가 담긴 세심한 관찰이 필요하다. 쉽게 들리지만 절대 쉽지 않다. 여기서 호기심은 내가 궁금한 것이 아니라 상대방의 욕구가 무엇인지에 대한 호기심이다. 감정을 물어본다고 "왜 그런 감정을 느꼈나요?"

라고 직접적으로 물어보는 것은 자신만 편한 질문이다. 상대방은 부담스러운 질문으로 느낀다. 질문을 하더라도 존중받는 느낌이 들도록 질문해야 한다. 이는 앞서 말했듯 표현력을 충분히 길러야 가능하다.

공감에서 존중받는 느낌은 상당히 중요하다. 사랑받고 인정받고자 하는 욕구는 대인관계에서 가장 기본적인 욕구이다. 원하던 대학에 못 간 것, 하던 일이 잘 안된 것, 가족·연인·친구에게 속상한 것 등에는 잘 살펴보면 인정욕구와 자아실현 욕구가 숨어있다. 나를 좀 더 중요하게 생각해줬으면 좋겠고, 성장하고 싶다는 욕구가 있다. 아무리 내 마음을 정확히 꿰뚫어 봤다 해도 무시하는 태도로 말하면 공감받는다고 느끼지 못한다.

남자친구 벌써 봄이야! 곧 있으면 꽃이 만발하겠는걸!

여자친구 나 꽃가루 알레르기 있는데…. 이맘때쯤이면 항상 콧물이 너무 나.

남자친구 우리 꽃구경 갈까? 벚꽃 유명한 곳 있던데!

여자친구 나 꽃가루 알레르기 있다고. 꽃구경 가서 콧물만 흘리고 오기 싫어.

남자친구　그래도…. 자기랑 바람도 쐴 겸 추억 쌓고 싶어서 그렇지.

여자친구　놀러 가고 싶은 마음 알아. 나도 꽃구경 보러 가고 싶지만 알레르기 때문에 고통스러워. 내 입장도 이해 좀 해 줘. 대신 우리 다른 곳으로 추억 쌓으러 가자.

남자친구　그래, 아쉽지만 어쩔 수 없지. 다른 곳도 충분히 좋은 곳 많으니까!

가까운 사이일수록 자신을 더 알아줬으면 하는 마음이 있다. 길을 걷다 우연히 마주친 사람이 어색한 사이라면 인사를 안 하고 지나가도 큰 신경이 안 쓰인다. 그러나 매우 친분이 있는 사람이 인사를 안 하고 지나가면 왠지 모를 서운함이 생긴다. 상대방에게 내 존재가 중요하게 인식되지 못했다는 생각에서다. 대화에서도 상황에 따라 상대방이 어떤 욕구를 원하는지, 어떤 욕구가 충족되지 못했는지를 살펴보고 헤아려야 한다. 욕구를 알아준 것만으로 상대방은 충분히 이해받는다고 느낄 것이다.

슬픈 혹은 감동적인 영화를 보고 눈물을 흘리지 않는다고 해서 슬픈 감정이 안 느껴지는 것은 아니다. 기본적인 공감 능력은 누구나 가지고 있다. 타인의 감정이 자신에게 전이된 것만으로 자신은 상대방을 충분히 이해했으며 공감했다고 생각하는 것은 금물이다. 그건 1차원적인 공감이다. 상대방이 진심으로 공감받았다고 느껴야 진정한 공감이다. 상대방의 감정을 유추하는 것과 상대방이 공감받았다고 느끼는 것은 다른 문제다. 공감을 했으면 공감을 전달해야 한다. 내가 공감한다는 것을 상대방이 충분히 알도록 해야 한다.

공감을 제대로 전달해야 공감이 완성된다. 자신이 느낀 바를 인지하고 이를 상대방에게 부드럽고 구체적인 말로 표현할 수 있어야 한다. 단순히 "네가 무슨 마음인지 알아.", "난 이해해."는 상대방의 마음을 제대로 몰라도 쉽게 꺼낼 수 있는 말이다. 상대방은 진짜 자신의 마음을 이해하는 것인지 의심이 들 때가 많다. 더 구체적으로 "억울했겠다.", "속상했겠다.", "뿌듯했겠다."라고 표현해야 한다. 물론 이렇게 이야기하면 틀릴 수도 있다. 그러나 틀려도 다시 상대방과 조율하며 진짜 공감을 향해 나아갈 수 있다.

우리는 하루에도 수많은 대화를 하면 살아간다. 사실 대화를 하면서 항상 주의를 집중하는 것은 불가능이다. 항상 공감할 수도 없을뿐더러 공감을 하려고 해도 어느새 자기 입장에서 이야기하거나 조언하고 있다. 공감은 설득이나 조언이 아니다. 자신의 판단을 내려놓아야 한다. 물론 항상 상대방의 입장에서만 생각하고 행동하는 것은 현실적으로 어렵다. 중요한 것과 그렇지 않은 부분을 구분하는 것이 효율적이다. 수많은 대화 속에서 상대방의 핵심 욕구를 찾아 경청하고 공감해주어야 한다. 그래야 자신도 스트레스 받지 않으면서 지속적으로 관계를 이어나갈 수 있다.

※ 공감 표현 공식

- (상황) 때문에 (감정) 하지는 않았어요?
- (사실) 했다니 (감정) 했겠군요.
- (욕구) 하고 싶은데 그러지 못해서 (감정) 했겠구나.
- (감정) 하게 느끼셨겠어요.

“10”

잘 듣는 것은 상대가 말을 잘하게 하는 것이다

우리의 대화는 절반 이상이 듣기로 이루어져 있다. 듣기는 대화에서 매우 중요하며 필수적인 요소이다. 듣기를 얼마나 잘하느냐에 따라 대화의 질도 달라진다. 그러나 사람들은 들리기는 하지만 듣고 있지는 않은 경우가 대부분이다. 한쪽 귀로 들어와 잠시 머물렀다 다른 귀로 빠져나간다. 수동적인 듣기는 많지만, 능동적인 듣기는 드물다. 상대방의 말을 항상 듣고 있지만 귀 기울여 듣는 경우는 많지 않다는 것이다. 만약 상대방이 “내 말 듣고 있어?”라고 묻는다면 제대로 듣고 있지 않은 것이 맞다. 집중하여 귀 기울여 듣고 있지 않은 것

이다. 이런 듣기는 점점 소통을 힘들게 하고 관계를 멀어지게 한다.

연이　우리 애가 요즘 감기에 걸린 것 같아 걱정이에요.

상원　저희 아들도 얼마 전에 감기 걸렸었어요. 그때 진짜 걱정 많았어요.

연이　처방받은 약도 쓰니까 잘 못 먹더라고요.

상원　아이들이 쓴 약은 잘 못 먹죠. 우리 애도 약 먹이느라 얼마나 고생했는지. 애들 약은 좀 맛있게 나왔으면 좋겠어요. 그때 진짜 걱정이며 고생이며 난리도 아니었어요. 그 뒤로 감기 안 걸리게 하려고 옷을 열심히 챙겨 입히고 있어요.

연이　그러게요. 앞으로 안 아팠으면 좋겠네요.

사람들은 자신의 이야기를 하는 것을 좋아한다. 일반적인 대화에서 우리는 상대방의 이야기를 듣고 비슷한 자기 경험을 꺼내어 말하기 바쁘다. 어떤 주제의 이야기를 해도 자신에 대한 이야기만 하는 것을 '대화 나르시시즘'이라고 부른다. 그렇다고 바로 대화가 끊기거나 사이가 서먹해지진 않지만, 점차 함께 대화하기 피곤해진다. 이것은 경청 대화라고 할 수 없다. 자신의 이야기를 하더라도 상대방의 이야기도 함께 궁금해해야 대화 나르시시즘을 벗어날 수 있다.

앞 사례의 두 사람은 각자 자기 얘기만을 하고 있다. 입은 열려있지만, 귀는 닫혀있는 상황이다. 경청 대화를 하기 위해선 자기 아이가 아니라 상대방 아이의 이야기에 관심을 가지고 물어야 한다. 대화가 이어지고 있다고 잘 경청하고 있는 것이 아니다.

자신의 이야기를 꺼내는 것은 경청에서 쉽게 저지르는 실수이다. 비슷한 경험을 이야기하며 공감대를 형성하고 싶기 때문이다. 자신의 이야기를 함으로써 상대방이 공감받았을 거라 생각하면 큰 오산이다. 인간은 자신이 현재 겪고 있는 경험과 감정이 가장 중요하다. 나의 이야기를 한다고 해서 상대방의 감정이 달래지는 것이 아니다. 오히려 상대가 이해해야 할 상황이 더 늘어난 것뿐이다. 자신의 이야기를 말하는 것은 경청이 아니라 말하고 싶은 욕구이다. 경청은 상대방의 현재 상황과 감정에 대해 더 물어봐 주는 것이다. 상대방의 말하고 싶은 욕구를 부드럽게 자극해주는 것이다.

- 올바른 듣기 태도

상대방의 말하기 욕구를 자극하기에 앞서 선행되어야 할 것이 있다. 바로 올바른 듣기 태도이다. 경청을 위해서는 우선 들으려는 마음이 기본적으로 있어야 한다. 자신만의 편견이나 주관을 최대한 내려놓고 상대방의 이야기에 호기심을 가져야 한다. 이미 잘 알고 있다고 생각하면 더 이상 귀를 기울이지 않게 된다. 별거 아닌 상황이라 과소평가하는 마음이 들면 자연스레 잘 듣지 않게 된다. 아무리 작은 일이라도 당사자인 것과 아닌 것에는 무게 차이가 있기 마련이다. 자신에게 별거 없어 보여도 과소평가하지 말아야 한다. 알고 있어도 거기서 새로운 부분은 없을까, 놓친 부분은 없을까 하는 기대를 안고 들어야 한다.

관심 없는 주제도 귀 기울이기가 쉽지 않다. 관심이 없으니 잘 알지도 못한다. 사람은 잘 아는 것에는 말이 많아지지만 잘 모르는 것은 말하는 데 자신이 없어진다. 관심 없는 주제의 이야기가 나오면 화제를 다른 것으로 바꾼다. 그러나 언제나 아는 주제에 관해서만 이야기할 순 없다. 상대가 관심 있고 이야기하고 싶어 하는 게 느껴진다면 관심을 가져보는 것이 좋다. 주제에 대해서는 잘 모르지만, 상대의 이야기가 궁금하다고 표현해주자.

가까운 사람일수록 상대방이 내 마음을 알아줬으면 하는 기대도 커지지만, 내가 상대방의 마음을 잘 알 것이라는 착각도 커진다. 간혹 상대방의 말이 끝나기도 전에 다음 말을 추측하여 마무리하려 한다. 상대방이 입이 꼬이거나 정리가 잘 안 되었을 때 도움을 주는 경우라면 몰라도 이는 명백한 말 끊기다. 잘못된 추측과 말 끊기는 "그런 말이 아니라고!", "됐어. 말을 말자."라며 짜증과 단절을 불러일으키기 쉽다. 나도 모르게 독심술을 사용하여 상대방의 말을 멋대로 추측하고 말을 끊었다면 "그런 뜻이 아니었어? 착각해서 미안해. 다시 한번 얘기해줄래?"라고 바로 사과해야 한다.

한편, 듣기에도 비언어적 표현이 매우 중요하다. 시선을 마주치지 않거나 팔짱을 끼고 다리를 떠는 등의 자세는 상대의 이야기에 집중하지 않고 있음을 표현한다. 특히 시선은 무엇보다도 경청을 표현하는 데 큰 역할을 한다. 대화 도중 고개를 끄덕이며 눈을 자주 마주치는 것이 좋다. 그러나 대화 내내 마주치고 있기란 사실상 부담스러울 수 있다. 잠깐잠깐 1~2초 정도만 눈을 마주쳐도 충분하다. 미소 띤 표정, 상대방을 향한 시선과 자세는 경청의 기본 자세다. 까먹지 말아야 할 이야기라면 메모를 하는 것도 좋은 태도이다.

- 좋은 대화의 방법

1) 라포 형성

아무리 듣는 자세가 잘 준비되어 있다고 해도 친분이 형성되지 않은 사람과는 이야기하기 힘들다. 친한 사이지만 어떤 일로 서먹해진 사이도 마찬가지다. 불편함에서 편안함으로 대화가 이어지려면 라포 형성부터 하는 것이 좋다. 라포 형성은 공감대 형성이라 할 수 있다. 공감대가 형성되면 상대방과 연결되었다는 느낌을 받고 유대감을 느끼게 한다. 흔히 학연, 지연, 혈연 같은 인연이 사회에서 인맥이 된다는 말은 쉽게 공감대를 찾을 수 있기 때문이다.

이 3대 인연이 아니더라도 공통된 관심사를 찾아 대화하면 금방 라포가 형성된다. 가장 쉬운 방법은 공감대를 형성할 수 있는 질문을 던지는 것이다. 상대방의 기본 인적 사항에 관련된 것이나 취미, 업무, 가치관 등의 질문을 하며 공통점을 찾을 수 있다. 아는 사이라면 “지난번 그 일은 잘 해결됐어?”, “요즘 식이요법을 하느라 힘들진 않아?”처럼 함께 아는 경험을 기억하여 공유하는 것도 좋다.

2) 패러프레이징

패러프레이징은 상대방이 한 말을 자기 말로 다시 말하는 호응 방법이다. 상대방의 말을 요약할 수도 있고 표현 방법을 다르게 해서 말할 수도 있다. 상대방이 한 말에 관한 질문을 던진 후에 자신의 의견을 살짝 더해서 말할 수도 있다. 질문만 하는 것도 심문하는 것처럼 느껴지지만 그렇다고 자신의 이야기만 하면 상대방은 입을 닫아버린다. 상대방의 이야기 위주로 대화하되 적당한 자기 노출이 있어야 상대방은 함께 대화한다고 느낀다.

상대방의 말을 그대로 복창해보는 것도 방법이다. 그러나 대화 내내 상대방의 말을 그대로 복창하는 것은 성의 없이 대답하는 것으로 보이므로 주의해야 한다. 한 예로 예전 개그콘서트라는 프로그램에서 우스갯소리로 나온 남녀 일화가 있다. 남자는 여자의 대화를 맞춰주려면 여자의 말을 따라 해주면 된다는 말에 말끝마다 여자의 말을 따라 한다. 그러나 곧 여자는 화를 낸다. 성의 없는 복창은 짜증만 불러일으킨다.

안 좋은 패러프레이징 예	좋은 패러프레이징 예
여 오늘 아침에 운동했더니 상쾌해! 남 아침에 운동했더니 상쾌해? 여 응. 매일 오늘처럼 부지런했으면 좋겠어. 남 부지런했으면 좋겠어? 여 부지런해지면 좋지 않아? 남 부지런해지면 좋지? 여 너도 아침에 운동 좀 해 봐. 남 나도 운동해?	여 오늘 아침에 운동했더니 상쾌해! 남 아침에 운동하니 진짜 개운하겠다! 여 응. 매일 오늘처럼 부지런했으면 좋겠어. 남 그럼 날마다 상쾌하겠다! 건강에도 좋겠어. 나도 내일은 아침 일찍 운동해봐야지! 여 좋은 생각이야! 같이 운동하자! 남 같이 운동하면 더 잘할 수 있겠지? 여 당연하지! 남 언제 운동할지 정해보자!

3) 맞장구

맞장구는 대화를 즐겁게 만드는 가장 좋은 방법이다. 아무리 말이 많은 사람이라도 무반응으로 호응하다 보면 점점 말을 꺼내지 않게 된다. 대화 중간중간의 적극적인 맞장구는 대화를 탄력 있게 해주고 말하는 사람을 신나게 한다. 맞장구만 잘해줘도 상대방은 대화가 통했다고 느끼며 이해받았다고 느낀다. 기분 좋은 맞장구에는 호기심, 놀람의 감정이 담겨있다. 이 감정을 리액션에 담아 표현하는 것이 좋다. 그러나 과도한 리액션은 오히려 진정성을 반감시키고 놀리는 듯한 느낌을 준다.

수동적인 듣기가 아니라 능동적인 듣기를 해야 한다. 능동적 듣기는 경청이고 공감과 매우 연관이 깊다. 경청을 잘하면 편안한 사람, 마음 터놓고 이야기할 수 있는 사람, 믿을 수 있는 사람, 또 이야기하고 싶은 사람으로 느껴진다. 심지어 듣기만 했는데도 말을 잘하는 사람으로 인식한다. 그런데 단지 집

중해서 듣는다고 경청을 잘한다고 할 수 없다. 대화는 강의가 아니다. 상대방이 자신의 이야기를 마음 편히 꺼낼 수 있도록 듣는 것이 진짜 경청이다. 진심 어린 태도와 마음 깊이 들음으로써 상대방의 말을 잘 이끌어내도록 유도해보자.

4장

돈독하게
만드는
갈등 해결
말투

“ 1 ”

의견이 다를 때 설득하는 방법이 있다

사회생활을 하다 보면 의견 차이가 생기기 마련이다. 작은 견해차부터 큰 가치관의 차이로 갈등이 생기고 감정이 상하기도 한다. 갈등으로 안 좋은 결과를 학습한 사람은 자연스레 갈등 자체를 피하게 된다. 갈등으로 관계가 끊어지는 것을 예방하려는 것이다. 때로는 효율적인 조율을 위해 잠시 시간을 두고 묻어두는 것이 도움이 될 수 있다. 그러나 이러한 의견 차이가 자연스럽다는 것을 받아들이고 차이를 좁혀 나가려고 해야 일을 효율적으로 진전시킬 수 있고 더 돈독한 사이도 될 수 있다. 나와 상대를 알고 의견 조율을 위한 몇 가지 심리만 알면 의견 차이를 좁히는 것이 그렇게 어려운 일은 아니다.

대부분의 사람들은 원하는 방향으로 대화가 흘러가지 않으면 소통이 안 된다고 느낀다. 내가 기대하는 것과 상대가 기대하는 것이 다르기 때문이다. 의견의 차이와 갈등은 여기서부터 시작이다. 상대방에게 원하는 바를 말하기 위해선 내가 정확히 무엇을 원하는지 먼저 알아야 한다. 그런데 '이건 내가 원하는 대답이 아니야!', '나는 지금 대화가 마음에 들지 않아!'라고는 생각하기 쉬워도 "이런 식으로 대답해줬으면 좋겠어.", "나는 지금 이런 걸 필요로 해.", "나는 지금 이런 감정을 가지고 있어."라고는 부드럽게 표현하지 못한다. 만약, 당신이 원하는 바를 명확하고 구체적으로 알고 있다면 축하한다. 당신은 많은 사람들보다 앞서 있다.

나의 생각과 감정, 욕구가 무엇인지 명확히 아는 것은 생각보다 어려운 일이다. 그러나 나의 생각을 분명히 인지하고 있다면 상대방과 의견을 조율할 수 있는 준비가 된 것이다. 제대로 알아야 제대로 요구할 수 있다. 이것은 상대방에게도 마찬가지로 적용된다. 상대방은 나와는 전혀 다른 경험, 생각, 감정, 가치관을 가지고 있다. 나의 머릿속도 제대로 알아야 하지만, 상대방의 머릿속도 반드시 파악해야 한다.

상대를 파악하려면 가장 먼저 다름을 인정해야 한다. 상대방의 의견을 판단하지 말고 단지 귀를 기울이는 것이다. 호기심을 가지고 왜 상대방은 저런 생각을 하고 있는지, 그 배경은 무엇인지 궁금해해야 한다. 그리고 단념해야 한다. 서로를 완벽하게 이해하고 이해시키겠다는 마음을 버려야 한다. 상대의 입장에 서서 '그런 생각을 가질 수 있겠구나.'라고 인정하고 이해해보려는 노력은 중요하다. 그러나 상대에 대해 전부 알고 있다는 마음, 상대가 나를 알아주길 바라는 마음은 독이 될 수 있다.

또한 다름을 인정하려면 일단 편견을 내려놔야 한다. 모든 인간은 편견의 지배를 받는다. 상대방에 대한 나의 생각은 틀릴 가능성이 훨씬 크다. 특히 처음 만난 사람의 경우는 더 그렇다. 인간은 편견에서 자유로울 수는 없지만, 편견을 편견이라고 인정할 수는 있다. 나의 편견은 무엇인지, 상대방의 편견은 무엇인지 귀 기울여야 의견 차이를 좁혀갈 수 있다. 상대가 가진 편견을 알아보고자 할 때는 항상 존중하는 태도를 잃지 말아야 한다. 상대의 입장에서는 그 편견이나 의견이 옳을 수도 있다고 믿어야 한다. 처음부터 "넌 잘못된 생각을 하고 있어."라는 전제가 상대방에게 느껴진다면 대화를 지속하기 힘들다.

상대방이 어떤 의견을 가졌는지 파악했다면 의견 조율을 위한 기본 준비는 끝났다. 이제는 절충안을 찾거나, 설득하는 일만 남았다. 본격적인 의견 조율에 앞서 당신이 파악한 상대방의 의중을 한번 언급해준다면 훨씬 효과적이다. 상대방의 생각, 의심, 걱정 등을 한 번 이야기해주는 것만으로도 상대는 '대화가 좀 통하는구나.'라고 느끼기 쉽다. "이미 아시겠지만~", "이런 말을 하면 의심스럽겠지만~", "이 부분이 걱정되시겠지만~", "분명 이 점에 대해서는 다르게 생각하시겠지만~"이라고 말하면 의심과 걱정이 줄어들고 소통의 벽이 쉽게 허물어진다.

익현　　이번 프로젝트에는 밝은 컨셉이 어울릴 것 같아.

준형 전혀? 요즘의 밝은 컨셉은 식상해. 차라리 진중한 컨셉이 어울릴 것 같아.

익현 진중한 컨셉은 주목받기 힘들어. 자칫하면 금방 묻힐지도 몰라. 무조건 눈에 띄어야 해.

준형 눈에 띈다고 다 좋은 건 아냐. 진정성이 있어야지.

익현 방법을 다시 생각해보자. 어쨌거나 우리의 목표는 이 프로젝트를 성공적으로 마무리하는 거니까.

준형 그래. 눈에 띄면서 진정성도 보여줄 방법을 생각해보자.

본격적으로 의견을 조율할 때는 차이점보다는 공통점에 집중해야 한다. 차이점에 대해서만 계속해서 논하면 기분 나쁜 논쟁으로 끝날 확률이 높다. 상대방과의 공통점, 교집합을 찾는 것이 의견 차이를 좁히는 첫 번째 단계다. 일반적으로 구체적인 의견과 길은 다를 수 있어도 큰 목표는 비슷한 경우가 많다. 같은 목표를 가지고 있다면 훨씬 수월하다. 프로젝트를 잘 수행하여 좋은 성과를 내거나 좋은 인간관계를 쌓는 등 목표하는 바가 같으면 꼭 중간중간 인지시켜주어야 한다. 의견 차이가 심해진다고 느낄 때마다 우리는 같은 목표를 향하고 있다고 언급해주어야 한다. 대화의 목표를 언급하는 것만으로 논점을 벗어나지 않을 수 있다.

때로는 심리학적 효과에 기대 설득을 할 수도 있다. 설득할 때 유용하게 이용할 수 있는 대표적인 심리 전략 몇 가지를 알아보자. 첫 번째는 '사회적 증거의 원칙'이다. 인간은 무언가를 판단하고자 할 때 다른 사람들이 내린 결론을 참고하는 경우가 많다. 특히 애매하거나 불확실한 것들에 대해 다수의 의견을 따른다. '여러 사람들이 그렇게 생각했다면 그게 맞는 것이겠지.'라는 생각으로 말이다. 이런 심리를 설득에 활용해볼 수 있다.

"다른 누구도 그렇게 했다더라."는 생각보다 강력한 힘을 가진다. 실제로 마케팅 전략으로도 많이 쓰인다. 제품을 판매할 때 '최다 판매', 'n차 완판'이라는 문구는 소비자로 하여금 좋은 제품이라고 생각하기 쉽다. 직접적으로 좋다고 말하진 않았지만 여러 사람들이 구매했다는 사실은 '좋은 제품이니까 많이 구매했겠지.'라는 생각으로 자연스럽게 연결된다. 심지어 그 '다른 누구'가 심리적으로 가까운 사람일 경우에는 더 큰 영향력을 낸다.

'사회적 증거의 원칙'을 응용할 수도 있다. 직접적으로 상대방의 의견에 반대하면 반감을 사기 쉽다. 일단 상대방의 의견을 수용한 후 우회적으로 반대 의견을 말하는 것이다. 당신이 아닌 누군가는 그 의견을 좋아하지 않을 수도 있고 다르게 생각할 수 있다고 언급하면 된다. "색다른 방법이라고 생각합니다만, 이 방법을 적용하면 투자자 입장에서는 더 많은 기회비용이 생길 것 같은데요. 이 부분도 고려를 해야 할 것 같습니다." 다른 누군가의 의견이 사실은 당신의 의견이다. 하지만 반감의 대상은 당신이 아니다.

두 번째는 스토리 텔링이다. 설득할 때 에피소드를 살짝 섞어서 말하는 것은 전형적인 스토리 텔링이다. 실제로 영국 카디프 대학교의 로즈 톰슨R. Thompson은 에피소드를 활용한 설득의 효과를 실험을 통해 밝혀냈다. 톰슨은 '친구를 소중히 여겨야 한다.'라는 당연한 생각을 피실험자들에게 설득하고자 했다. 한 집단은 '친구를 소중히 해야 한다.' 등 평범한 문구를 이용하여 추상적으로 설득하고, 다른 한 집단은 남자아이와 반려견의 우정이 담긴 이야기를 읽도록 하며 설득하였다. 그 결과 단순 설명보다 에피소드를 보여주는 것이 설득 효과가 훨씬 높았다. 즉, 말하고자 하는 주제를 에피소드를 통해 이야기한다면 상대방의 마음을 움직일 수 있다.

태성 내일 오전에 나 좀 픽업해주러 올 수 있어?

연이 왜? 나 귀찮은데.

태성 차 수리를 맡겨서 대중교통은 너무 오래 걸리거든…. 고양이 간식도 사러 가야 해서 시간이 촉박해.

연이 헐 대박. 나 고양이 구경하러 가도 돼?

태성 픽업해주면 고양이랑 놀게 해줄게.

연이 알겠어. 어쩔 수 없네. 고양이 덕분인 줄 알아.

태성 고마워.

세 번째는 유무형의 이득 제안이다. 이득 제안이란, 나의 제안을 받아들이면 상대에게 어떤 이득이 있을 것이라고 암시하는 것이다. 사람은 누구나 자신에게 이득이 되는 방향으로 행동한다. 누구나 손해 보는 것을 좋아하지 않는다. 이것은 속물이 아니다. 타인을 돕는 행위도 타인을 도움으로써 자신의 마음속 풍요가 채워지는 이득이 있기 때문이다. 물질적인 것이든 정신적인 것이든 당신의 제안이 상대방에게 이득이 된다는 것을 인지시키면 제안을 받아들일 확률이 높다. 물론 이때, 당신의 제안은 실제로 상대방에게 도움이 되는 것이어야 한다. 항상 상호승리 전략을 생각해봐야 한다.

마지막은 선택의 자유를 주는 것이다. 아무리 논리적이고 합리적인 제안이라도 명령하듯이 말하면 제안을 받아들일 욕구가 반감된다. 명령은 선택의 자유를 빼앗는 것이기 때문이다. 심리학자 잭 브렘jack Brehm은 심리적 반발 이론을 개발했다. 이 이론은 인간이 통제권을 잃으면 오히려 자유를 유지하려는 욕구가 더 강해진다고 설명한다. 하지 말라고 하면 더 하고 싶고, 하라고 하면 하기 싫어지는 것이 인간의 마음이다.

따라서 선택의 자유를 없애버리면 안 된다. 대신 선택할 수 있는 옵션을 줄여 선택의 자유를 좁히는 것은 효과적이다. 사람은 옵션이 적을 때는 옵션 안에서 선택할 확률이 높다. 그러나 옵션이 너무 많으면 오히려 의사결정 과정을 힘들어한다. 행동과학자 쉬나 이엔가르Sheena Iyengar와 사회과학자 마크 레퍼Mark Lepper는 이와 관련된 실험을 하였다. 마트에 시식대를 설치하고 지나가는 사람들에게 잼을 맛보게 하였다. 한 번은 6가지의 맛을 보여주고 다른 한 번은 24가지 맛을 보여주었다. 그 결과 사람들은 24가지 맛을 보았을 때는 3%만이 구매했지만, 6가지 맛을 보여주었을 때는 30%나 잼을 구매했다. 이처럼 선택안이 너무 많으면 사람들은 부담을 느끼고 흥미가 쉽게 떨어진다. 저녁 메뉴를 고를 때도 "짜장면 먹을래, 짬뽕 먹을래?"보다 "저녁 뭐 먹을래?"라고 하면 더 대답하기 힘들어진다.

대화를 잘 마무리하는 것도 중요하다. 가끔은 끝마무리가 첫인상보다 더 중요할 때도 많다. 상대방의 가치관이 담긴 생각을 바꾼다는 것은 그 사람이 지금까지 가져온 경험과 기억을 바꾼다는 말이기도 하다. 그만큼 상대방을 바꾸는 것은 어려운 일이다. 많은 노력이 필요한 일이지만 나를 알고 상대방을 알면 의외로 잘 풀릴 때도 많다는 것을 알게 될 것이다.

“ 2 ”

상대를 녹이는 효과적인 사과 방법이 있다

"아, 미안해. 됐지?"

전혀 사과 같지 않은 말뿐인 사과를 들어본 적이 있는가? 혹은 그런 사과를 한 적이 있는가? 말뿐인 진정성 없는 사과는 사과가 아니다. 사과는 했는데 상대는 오히려 기분이 더 나빠진다. 상황을 넘어가기 위한 사과일 뿐이다. 하지만 듣는 사람은 안다. 그 사과에 진심이 담겼는지 안 담겼는지를. 물론 진심으로 사과했는데도 불구하고 상대방은 계속 사과를 요구하는 경우도 있다. 사과를 했음에도 계속 요구하면 "미안하다고 했잖아!"가 절로 나온다. 당신은 사과했지만, 상대방은 제대로 사과받았다고 느끼지 못하는 것이다.

익철　오늘은 네가 청소할 차례야.

소현　나 오늘 약속 있어서 좀 바쁜데.

익철　뭐? 지난번에도 술 먹는다고 내가 대신 청소했잖아!

소현　선약이 잡힌 걸 어떡해! 어쩔 수 없었어. 그래서 그때 고맙다고 했잖아.

익철　그땐 그때고, 매일같이 이렇게 떠넘기면 나도 더는 못 참아!

소현　알겠어. 미안해~

익철　미안하다 말만 하면 다야? 참 속 편하다!

소현　미안하다 해도 뭐라 그러네. 그럼 뭐라 해줄까? 응?

익철　어휴, 됐다. 됐어.

사과에는 꼭 들어가야 하는 요소들이 있다. 빼먹는 요소들이 많을수록 상대방은 사과받았다고 느끼지 못한다. 사람마다 각 요소에 대한 중요도가 다르다. 누군가에게 효과적인 사과가 누군가에게는 효과적이지 않을 수도 있다는 것이다. 상대방이 사과의 요소 중 어떤 것에 더 마음이 풀어지는지를 알고 그 부분을 더 강조하면 사과를 했네, 마네의 논쟁은 없어질 것이다.

1) 진정성

사과의 첫 번째 요소는 진정성이다. '너무 당연한 말 아닌가?'라고 생각할 수 있다. '난 진짜 미안하다고! 근데 상대방이 내 말을 믿어주지 않는다고!'라고 생각한다면 진정성의 표현 방법이 잘못되었을 수 있다. 사과의 진정성을 표현하는 가장 쉬운 방법은 불편함을 보여주는 것이다. 불편함은 진정성 있는 사과를 위한 첫 번째 관문이기도 하다. 여기서 말하는 불편함은 자기 잘못을 인정하는 것에서 나온다.

누구나 실수할 수 있다. 사과할 상황이 생긴다. 그러나 자신의 잘못을 인정하기란 생각보다 쉽지 않다. 『사과 솔루션』의 저자, 아론 라자르는 정직, 관대, 겸손, 헌신, 용기가 있어야만 자신의 잘못을 인정하고 사과할 수 있다고 말한다. 사람들이 사과를 못 하는 많은 이유 중 하나가 자존심이다. 사과함으로써 체면이 살지 않는다고 느끼는 것이다. 이런저런 핑계로 합리화하거나 혼자만 편한 사과를 대충 던진다. 그러나 한 가지 알아야 할 점은 잘못을 인정하는 것이 어려운 일이라는 것을 상대방도 안다는 것이다. 그 불편함을 기어코 감수하는 것은 사과의 진정성을 제대로 보여주는 행위이다.

진정성을 약화하는 사과의 유형
1. 변명으로 가득한 사과: 그땐 나도 어쩔 수 없었어. 너도 알잖아. 좀만 이해해주라. 2. 조건이 있는 사과: 내가 널 불편하게 했다면 사과할게. 근데 난 그럴 의도가 아니었어. 3. 짜증이 담긴 사과: 미안하다고! 4. 남 탓하는 사과: 네가 그런 식으로 하니까 내가 그랬던 거지!

2) 구체적 행동과 직접적인 뉘우침

잘못을 인정할 때는 어떤 행동으로 상대방이 정신적, 물질적 피해를 입었는지 구체적으로 언급해야 한다. 그저 "그래. 다 내 잘못이야. 미안해."는 아무리 진심이 담겨 있어도 상대방에게는 전해지지 않는다. 상황 모면을 위해 잘못을 인정하는 것처럼 보일 뿐이다. 잘못을 뉘우치는 느낌도 없다. "약속을 못 지켜서 미안해. 나 때문에 오래 기다렸지?" 구체적인 잘못을 언급하고 뉘우침이 있어야 한다. 미안함을 직접적인 언어로 표현해야 한다. 두리뭉실 말하는 것은 사과로 느껴지지 않을 확률이 높다.

상대방이 자신의 감정을 조절하지 못하고 계속해서 화를 낼 수도 있다. 그럴 때는 감정이 누그러질 때까지 조용히 듣고 있는 편이 낫다. 똑같은 사과를 너무 자주 말하는 것도 진정성이 없어 보이기 때문이다. 상대방의 쓰나미 같은 감정을 조용히 들어주는 것도 진정성을 보여주는 불편함이다. 상대방의 감정이 누그러졌을 때 타이밍을 봐서 진심을 담아 언급하는 것이 효과적이다. 나의 잘못으로 상대방이 화날 만했다, 속상할 만했다고 인정하는 태도만으로 일단 상대방의 마음은 한결 누그러진다.

3) 신속성

사과는 잘못을 인지한 바로 직후 하는 것이 가장 효과적이다. 별다른 사과 표현이 없으면 상대방은 당신을 잘못도 모르는 이기적인 사람으로 생각하기 쉽다. '지금이라도 사과해야 하나?', '방금 내가 실수한 것 같다.'라고 느낄 때가 사과하기 가장 좋을 때다. 동시에 가장 빠르게 수습할 수 있는 타이밍이기도 하다. 사과하기 가장 쉽고 좋은 시간은 바로 그 즉시이다.

아무리 머리로 뉘우친다고 해도 사과의 말을 직접적으로 하지 않으면 모른다. "조금만 있다 말해야지.", "나중에 사과할 기회가 생기겠지." 하고 미루다간 영영 사과할 기회를 얻지 못한 채 오해만 쌓여갈 수도 있다. 혹은 왜 사과도 하지 않냐며 상대방의 화만 돋울 수도 있다. 엎드려 절 받는 모양새의 사과는 찝찝함을 남긴다. 사과해도 진심이 없는 사과를 받는 느낌을 들게 한다. 상대방이 사과를 요구하기 전에 사과하는 것이 좋다.

엄마　양말을 벗었으면 빨래통에 넣으라고 몇 번을 말하니!

아들　아, 맞다. 또 깜빡했다.

엄마　어휴, 맨날 양말을 아무 데나 던져놓으면 보기 싫지도 않니?

아들　빨래통에 넣으려고 생각했다가 전화가 오는 바람에 또 깜빡했지 뭐야. 미안해. 다음부터는 제대로 넣을게.

엄마　그래. 다음부터는 더 주의해주길 바라. 아들.

4) 책임감, 보상

사과에는 책임과 보상이 필요하다. 앞으로 그러지 않겠다는 약속과 다짐, 상대방의 물질적, 감정적 피해에 대한 적절한 보상이 바로 책임감이다. 진심으로 뉘우치고 사과하지만, 매번 똑같은 행동을 반복하면 그것도 말뿐인 사과다. 진심이 담긴 가짜 사과다. 사과의 말에는 책임이 부여된다. 상대방이 먼저 책임과 보상을 요구하는 일도 많다. 그러나 사과의 신속성과 마찬가지로 상대방이 요구하기 전에 먼저 언급하는 것이 좋다.

앞으로 그러지 않겠다 약속하여도 지켜지지 못하는 날도 있다. 때론 이미 약속할 때부터 '이 약속은 언젠간 또 깨지겠지.' 하는 합리적 의심이 들기도 한다. 중요한 것은 약속을 지키고자 하는 태도이다. 끝내 약속을 지키지 못했더라도 약속을 지키기 위해 노력했다는 것을 보여주어야 한다. 약속을 지켰다는 사실 자체보다 약속을 지키기 위해 노력했느냐 안 했느냐가 감정에 더 큰 영향을 미치기 때문이다. 물론 약속까지 지켰다면 금상첨화다. 사람은 말 한마디로 바로 바뀌기란 쉽지 않다. 반대의 입장에 있을 때도 이 점을 이해해야 한다.

사람에 따라 누군가는 뉘우치는 진심을, 누군가는 제대로 된 사과 표현을, 누군가는 먼저 사과해주기를, 누군가는 책임과 보상을 더 중요하게 생각한다. 하지만 사과에는 기본적으로 앞의 4가지 요소가 적절히 들어가 있어야 상대방이 쉽게 무장해제 된다. 상황의 경중에 따라 다르지만 가벼운 상황에는 장난 같은 사과가 통하기도 하고 어물쩍 넘어가도 금방 잊힌다. 보통 사람은 타인보다 자신에게 관대하다. 자신의 잘못은 '이 정도는 괜찮겠지.'라고 생각하기 쉽고, 상대방의 잘못은 '사과도 하지 않는단 말이야?', '제대로 사과해야지!' 하며 엄격해진다. 상대방이 느끼는 상황의 무게는 당신과 다를 수도 있다는 것을 항상 인지해야 상대방에게도 관대해질 수 있다.

사회생활이나 인간관계를 지속하다 보면 많은 이해관계가 생긴다. 때로는 잘못이 없는데도 불구하고 여러 이해관계로 인해 사과를 해야 할 상황이 있을 수도 있다. 의도치 않은 상황이라도 상대방에게 피해를 주었다면 사과해야 한다. 억울한 감정을 느낄 수도 있겠지만 그래야 더 큰 불화를 막는다.

상황에 따라선 또 다른 오해를 만들지 않기 위해 해명도 필요하다. 그렇다고 해명이 면죄부가 되는 것은 아니다. 해명했다고 사과를 대충 해도 되는 것도 아니다. 물론, 언제나 무조건적인 사과를 하라는 것은 아니다. 단순히 상대방의 기대감을 만족시키지 못했다고 해서 사과를 해야 하는 건 아니다. 무리한 상대방의 요구를 거절할 때도 마찬가지다. 자신을 망가뜨리지 않는 적절한 사과를 해야 관계를 돈독하게 만든다.

“3”

화내는 기술을 알아야 품격 있게 화낼 수 있다

'화火'의 사전적 정의는 '몹시 못마땅하거나 언짢아서 나는 성.'이다. 화, 분노는 자연스럽고 흔한 감정이다. 선천적으로 화가 잘 나지 않는 둥근 사람도 있겠지만 시도 때도 없이 화를 내는 사람도 있다. 말이 안 통해서 화나고, 일이 계획대로 되지 않아서 화가 나고, 때로는 세상의 부조리에 분노하기도 한다. 누구나 화는 나지만 화내는 방법은 제각각이다. 화가 난다고 막말을 일삼고 격앙될수록 돌아오는 건 인성 쓰레기와 좀생이라는 평판뿐이다. 화를 잘 다스리고 제대로 표현할수록 품격 있는 사람으로 보인다.

'화'는 한 가지 감정이 아니다. 노여움, 배신감, 답답함, 짜증, 억울함, 열등감 등 여러 감정이 섞여서 화로 분출되는 것이다. 화는 크게 두 가지 상황에서 생긴다. 첫 번째는 환경이 기대에 미치지 못할 때이다. 나만 면접에서 떨어졌다거나, 원하는 것을 마음 놓고 살 수 없는 경제적 상황, 나만 뒤처지고 있다는 느낌이 들 때 주로 일어나는 화이다. 두 번째는 타인이 나의 기대에 미치지 못했을 때이다. 상대방이 약속을 지킬 줄 알았는데 그러지 못했다거나, 내가 원하는 만큼 나를 대우해 주지 않았다거나, 나의 마음을 몰라주거나, 나의 말을 듣지 않거나 등 다양하다. 화의 공통점은 어쨌든 무언가가 나의 욕구를 충족시키지 못한다는 것에 있다.

화는 유형에 따라 다른 방법으로 소화해야 한다. 당신 안의 화를 제대로 소화하고 표현하지 못하면 잘못된 감정 표출만 하게 된다. 언성을 높이는 싸움으로 번지거나 자신을 고립시켜버린다. 다행히 첫 번째 화는 오히려 나를 발전시키는 계기가 될 수도 있다. 분노의 감정은 때로는 잠재력을 폭발시키는 중요한 촉진제가 되기 때문이다. 화를 바탕으로 반성하고, 공부하고, 독해질 수 있다. 화를 발판 삼아 성장할 수 있다. 주의할 점은 분노를 타인에게 전가하지 않아야 한다. 성장을 위한 분노는 스스로를 향해야 한다. 분노가 타인으로 전가되는 순간 성장은 멀어진다. 남 탓으로 만들어진 분노의 뫼비우스 띠에 갇히게 된다.

두 번째 화를 잘 소화하려면 마음가짐은 물론 소통도 중요하다. 첫 번째 화가 자신에 대한 것이라면 두 번째 화는 타인에 대한 것이기 때문이다. 상대방과의 관계가 어긋나지 않으려면 내면의 화를 잘 가공해서 보여주어야 한다. 부정적인 감정을 날것 그대로 보여주는 행동은 상대방에게 폭탄을 던지는 것이나 다름없다. 이 폭탄은 상대방도 다치게 하지만 결국 자신도 다치게 한다.

화를 품격 있게 표현하기 위해서는 먼저 내면의 화를 직시해야 한다. 그렇지 않으면 순간의 감정에 휩싸이고 벗어나기 힘들어진다. 사람들은 긍정적인 것보다 부정적인 것을 더 크게 느끼기 때문이다. 감정도 부정적인 감정을 실제보다 더 크게 느낀다. 기쁜 감정은 느껴도 환호를 지르는 경우는 드물지만, 부정적인 감정이 치밀어 올라 욱하는 경우는 흔하다. 화가 난다고 느낄 때는 화를 정면으로 바라보는 순간이 필요하다. 직시하는 것만으로 과장된 화를 원래의 크기로 되돌릴 수 있다.

화를 직시하기 위해서는 시간이 필요하다. 아주 잠깐 몇 초의 시간도 괜찮다. 화가 치밀어 오르는 순간, 깊은 심호흡을 하고 잠시만 침묵하라. 그리고 자신에게 묻자. '지금 상황이 정말 화낼 만한 상황인가?' 지금 당신의 상황이 나빠서 상대방의 작은 행동도 거슬리는 것인지, 상대가 당신의 기대에 부응하지 못해서인지, 아니면 정말 문제가 될 만한 심각한 상황인지 구분해야 한다. 첫 번째라면 당신의 기분에 따라 애꿎은 사람에게 화를 내는 것이다. 상대방에게 화풀이해서는 안 된다. 스스로 감정 조절을 위해 노력해야 한다. 잠깐의 심호흡과 스트레칭은 몸과 정신의 긴장을 완화하는 좋은 방법이다. 그리고 상대에게 지금 대화할 기분이 아니니 나중에 다시 얘기하자고 양해를 구해야 한다.

두 번째와 세 번째 상황이라면 좀 더 머리를 굴려야 한다. 상대방이 당신의 어떤 기대에 미치지 못하여 화가 나는 것인지, 어떤 심각한 문제가 야기되는지 명확히 알아야 한다. 화를 내면 여기서 얻을 수 있는 것은 무엇일까? 화를 내는 행동이 후에 어떤 영향을 끼치게 될지, 화내기 말고 다른 표현 방법은 없을까 생각해봐야 한다. 후에 어떤 영향을 미칠지까지 생각해서 화를 표현하는 것이 현명한 화내기이다.

그러나 대부분의 사람은 앞으로 미치는 영향까지는 생각하지 않는다. "난 지금 너 때문에 기분이 나빠!", "네 정신머리를 당장 고쳐주겠어!", "감히 나한테 이렇게 대해?", "내가 지금 얼마나 화가 나는지 알려주겠어!"라는 생각에 휩싸여 분노를 채찍처럼 휘두른다. 화를 참으라는 말이 아니다. 항상 참기만 하다간 호구처럼 보이기 십상이다. 곪고 곪아 썩을 수도 있다. 상대방을 위해서도 당신을 위해서도 제때 효과적으로 표현해야 한다.

화를 효과적으로 표현하기 위해서는 상대방이 아니라 문제에 집중해야 한다. 자신의 감정을 솔직하게 표현하되 사실만을 이야기해야 한다. 상대방에게 집중하면 비난이 되기 쉽다. 아무리 화가 나도 상대방을 비난하거나 평가하면 안 된다. 그것은 또 다른 화를 불러일으킬 뿐 아무 도움이 되지 않는다. 어떤 부분에서 화가 났는지 상대방에게 알려주어야 한다. 당신이 중요하게 생각하는 것이 무엇이고 상대방의 어떤 행동이 그것을 방해했는지 말해야 한다. 서로가 윈윈하는 방법은 무엇인지 생각해보고 요구해야 한다. 중요한 것은 문제의 원인을 추궁하는 것이 아니라 함께 문제의 해결 방법을 찾자는 뉘앙스다.

비난이 되지 않는 뉘앙스를 만들기 위해서는 '나'메시지를 사용하는 것이 좋다. '나'메시지는 '나'를 주어로 말하는 것이다. 예를 들면 "왜 그랬어?"보다 "(나는) 왜 그런 행동을 했는지 궁금해."라고 하는 것이다. "하지 마! 왜 이렇게 못됐니?"보다 "(네가) 그런 농담을 하면 (나는) 몹시 당황스럽고 무안해."라고 말하는 것이 문제 해결을 위해 효과적이다. 의외로 화내는 사람도 자신이 구체적으로 무엇 때문에 화가 나는지, 무엇을 원하는지 솔직하게 말하지 못하는 경우가 많다. '화'라는 감정을 표출하기에 급급한 것이다. '나'메시지를 활용하면 당신의 감정이 무엇인지 원하는 것이 무엇인지 알고 원만하게 말 할 수 있다.

타인에게 집중하는 말	문제에 집중하는 말	'나'메시지 활용
왜 이렇게 늦었어?	30분 늦었네. 무슨 일 있었어?	무슨 일 있는 줄 알고 걱정했잖아. 다음부턴 미리 연락해줬으면 좋겠어.
너 때문에 일이 진행이 안 돼. 그런 식으로 하지 마.	제대로 된 일정을 안 알려주니 다음 단계로 진행할 수가 없어.	이러다가 다음 단계를 진행하지 못할까 봐 불안해. 마감일 안에 일을 끝내고 싶은데 도와줄 수 있어?
넌 항상 그런 식이야.	며칠 전부터 방 청소해 달라고 부탁했는데 오늘 보니 청소가 안 되어 있네.	나는 네가 방을 청소하면서 지냈으면 좋겠어. 청소를 오랫동안 하지 않아 벌레가 생길까 봐 걱정돼.

"당연히 이런 상황에서는 이렇게 하겠지", "친구라면 적어도 이 정도는 해줘야 하지 않아?" 같은 인간의 도리를 강요하지는 말아야 한다. 큰 가치 안에서 인간의 도리는 지향점이 비슷할지 몰라도 세부적으로 들어가면 각자 자신만의 기준이 있다. 화를 내기 전에 당신에게 당연한 것이 상대방에게도 당연한 것이 아니라는 것을 알아야 한다. 당신의 기대를 당연히 바라지 마라. 의외로 많은 문제가 "당연히"라는 생각에서 나온다.

모든 감정은 언젠가는 지나간다. 시간이 약이라는 말이 괜히 있는 것이 아니다. 시간이 지나면 아무리 좋고 힘들었던 감정도 '그땐 그랬었지.'로 남는다. 심지어 감정보다 더 쉽게 잊히는 것이 기억이다. 당장 3일 전 오후 4시에 무슨 일을 하고 있었는지 물어서 정확하게 대답할 수 있는 사람은 많지 않다. 매일같이 화를 내고 싸워도 몇 년 후에 생각해보면 왜 화를 냈는지 기억도 못 할 확률이 90% 이상이다. 지금 순간의 감정도 지나가는 것이라는 것을 알고 있으면 화를 다스리기 쉬워진다.

“4”

꼰대 같지 않게 충고하고 원치 않는 충고에 대처하는 방법이 있다

좋은 충고나 조언은 우리에게 깨달음을 주고 성장시킨다. 특히 주변 사람이 어려운 문제에 부딪혔을 때 적절한 조언으로 도와주고 싶은 마음이 생기기 마련이다. 잘못된 행동을 했을 때는 고쳐주고 싶은 마음도 든다. 모두 상대방을 위하는 마음에서 우러나오는 것이라고 생각하기 쉽지만 사실 그렇지 않다. 충고 중에는 스스로를 위한 충고도 많다. 상대방이 원치 않는 조언은 기분만 상하게 할 뿐 도움이 되지 않을 때가 많다. 잘되었으면 하는 마음에 조언했지만 꼰대 소리를 듣기 십상이다. 조언이나 충고도 꼰대 같지 않게 자연스럽게 스며

들도록 해야 한다. 반대로 당신이 원치 않는 충고 혹은 지적을 들었을 때도 슬기롭게 대처하는 것이 좋다.

우리는 살면서 많은 문제를 만난다. 그리고 친구, 가족, 직장 상사 혹은 동료 등 주변의 사람에게 조언을 구하기도 한다. 어쩌면 당신은 많은 이들에게 조언을 부탁받았을 수도 있다. 그런데 조언을 부탁하는 사람은 의외로 조언을 원하는 것이 아니다. 사실 많은 문제의 답은 스스로와의 대화를 통해서 해결할 수 있다. 조언해달라고는 하지만 스스로 답을 정해놓고 타인의 인정과 지지를 바라는 것이다. 흔히 답정너(답은 정해져 있으니 너는 대답만 하면 돼)처럼 자신의 생각을 응원해주기를 바란다.

답정너는 자신이 원하는 말을 들을 때까지 상대방을 유도하기 때문에 부정적으로 인식되기도 한다. 하지만 이는 인정받고자 하는 인간의 본성에서 나오는 심리이다. 조언해달라는 말에 무턱대고 조언해줘도 상대방은 조언대로 하지 않는다. 대부분의 조언을 부탁하는 마음에 깔린 심리는 해결책이 아니다. "나 잘하고 있는 거 맞지?", "내 고민 좀 들어줘."라고 마음 털어놓고 싶은 것이다. 공감과 인정을 받고 싶은 경우가 훨씬 많다. 당신에게 조언을 구하는 사람의 진짜 심리가 무엇인지 관찰해보라. 관찰 결과 상대가 원하는 것이 해결이 아닌 공감이라면 그냥 들어주고 알아주기만 해도 충분하다.

정말 건설적인 조언이 필요한 순간도 있다. 그러나 아무리 필요한 조언이라도 상대가 먼저 요청한 충고가 아니라면 꼰대가 될 수 있다. 상대가 들을 준비가 되지 않으면 건설적인 조언이 아니다. 잔소리쯤으로 생각하고 흘려버릴 확률이 높다. 원치 않는 충고를 듣는 사람도 기분이 언짢지만, 충고를 하는 사람도 부담스럽기는 마찬가지이다. 자칫 상대가 언짢을지도 모른다는 것을 예상할 수 있기 때문이다. 어떻게 해야 듣기 싫은 충고가 아니라 긍정적인 변화를 가져오는 충고가 될 수 있을까?

팀장　자네가 올린 보고서에 관해 얘기하고 싶은데, 잠깐 얘기해도 되겠나?

직원　네. 무슨 문제라도 있습니까?

팀장　보고서의 문제라기보다는 보고 방식에 관한 이야기네. 보고서를 작성해서 올리기 전에는 먼저 구두 보고를 통해서 브리핑해주었으면 좋겠네. 자네 보고서는 깔끔한 편이지만 사전 브리핑이 있다면 훨씬 보고서를 읽고 결재하는 데 도움이 될 것 같다는 나의 생각일세. 자네도 기껏 작성한 보고서를 몇 번씩 수정하는 것보다 빨리 결재를 받는 것이 좋지 않겠나?

직원　아, 네. 그렇군요. 다음에는 사전 구두 보고를 먼저 하도록 하겠습니다.

팀장　고맙네.

올바른 조언은 발전을 위해서 꼭 필요한 부분이다. 대다수의 사람들은 발전을 위해 기꺼이 따끔한 충고도 수용할 의향이 있다. 그런데 왜 충고나 조언하다가 꼰대란 말을 듣기 일쑤일까. 바로 일방적이기 때문이다. 분명 참고하면 좋은 말일 수 있다. 하지만 받아드릴 준비가 안 된 상태이거나 들을 준비를 할 시간을 주지 않으면 반감이 먼저 생긴다. 마치 생존을 위해 음식이 필요한 건 알지만, 지금 당장 먹고 싶지 않은데 굳이 먹으라고 강요하는 것과 같다. 조언을 하는 사람도 좋은 조언을 위해 "이런저런 도움이 되는 말을 해줘야지."하고 준비한다. 조언을 듣는 사람에게도 "이런 조언을 하겠구나."라며 받아들일 준비를 하게끔 배려해줘야 열린 마음으로 조언을 수용할 수 있다.

상대방이 들을 준비가 되었는지 어떻게 알까? 가장 쉬운 방법이 있다. 그냥 물어보는 것이다. 어떤 것과 관련해서 당신이 나누고 싶은 이야기가 있는데, 상대방에게 이야기해도 되냐고 묻는 것이다. 당신의 생각을 상대방과 나눠도 될지 물어보는 것이다. 비즈니스 컨설팅 사업가이자 재정 전문가이고, 아마존 베스트셀러 『부자가 되는 법을 가르쳐 드립니다』

의 저자 라미트 세티가 출연한 넷플릭스 다큐멘터리가 있다. 다큐의 이름은 〈나만 몰랐던 부자 되는 법〉으로 자산 관리에 문제가 있는 몇 명의 신청자들에게 라미트가 자산 관련 자문을 하는 내용이다. 여기서 신청자들은 자발적으로 조언을 구하러 왔다. 따끔한 충고도 각오할 준비가 되어있는데도 불구하고 라미트가 신청자들에게 조언할 때 종종 하는 말이 있다. "제가 이 부분에 대해 조언해도 괜찮겠습니까?" 간절히 전문적인 조언을 바라고 온 사람들한테조차 조언을 해도 괜찮냐고 허락을 구하는 것이다.

이것은 존중의 문제다. 아무리 옳은 이야기라도 일방적이면 반감이 생긴다. 단 한 번 상대방의 허락을 구하는 것만으로 상대방은 조언을 허락하며 들을 준비를 한다. 대화 전에 마음을 먼저 여는 것이다. 당신이 하고 싶을 때 하는 허락 받지 않은 조언은 섣부른 조언이다. 상대방을 당신의 입맛대로 통제하고 싶은 스스로를 위한 조언일 뿐이다. 충고나 조언을 하면서도 상대방의 감정이 어떨지 신경 쓰고 있다는 것을 상대방도 알도록 해야 한다.

다영 보내준 자료 말인데, 사용된 표량 서식을 이렇게 한 이유가 있어?

익철 난 그렇게 정리하는 게 보기 편하더라고.

다영 아 그렇구나. 보통 제공된 서식을 많이 이용해서 나도 그 서식에 익숙하거든.

뭐가 맞다 틀리다는 없는데, 공통 서식을 이용하면 다른 사람들이 보기에도 더 편하지 않을까?

익철 생각해보니 그러네. 표량 서식 고쳐서 다시 보내줄게.

다영 선택은 자유긴 한데, 그래도 배려해줘서 고마워.

당신의 충고는 당신의 관점일 뿐이라는 것도 알아야 한다. 설령 당신의 관점이 통념적으로 맞는 것 같아도 그것 역시 당신의 관점일 뿐이다. 상대방에게 당신의 관점을 알려주고 상대방의 관점은 어떤지 물어봐야 한다. "나는 이렇게 생각하는데, 이건 내 입장에서만 갖는 생각일 수 있어. 너는 어떻게 생각해?", "내 말이 꼭 정답은 아니야." 당신의 말이 무조건 맞는 뉘앙스의 말은 상대방을 틀린 것으로 만들어 버린다. 조언과 충고의 역할은 문제를 당장 고쳐놓는 것이 아니다. 문제에 대해 새로운 시각으로 볼 수 있는 눈을 알려주는 것이다. "이렇게 하라.", "저렇게 하라."라는 말이 아니라 관점을 나누는 것만으로 상대방에게 문제를 생각해볼 기회를 충분히 던져준다.

당연한 얘기지만 충고나 조언에 문제와 관련 없는 이야기가 들어가서는 안 된다. 공개적인 장소에서 자존심을 건드리는 말을 하는 것도 마찬가지다. 상대방을 위한 충고는 과거의 행동까지 끄집어내어 쌓인 감정을 던지는 것이 아니다. 상대방의 부정적인 감정을 건드리는 행위는 오히려 효과적인 조언을 방해한다. 상대방이 언짢아할 것 같은 대사는 칭찬으로 포장해서 충격을 완화시켜야 한다. 조언의 내용도 중요하지만 조언을 받아들이는 마음이 훨씬 중요하기 때문이다. 또한 충고를 넓은 마음으로 받아들여준 상대에 대해서도 감사함을 표현해야 한다. 충고의 결과가 좋다는 것은 당신이 충고를 멋지게 잘해서보다 상대가 마음을 열고 받아들였기 때문이다.

한편, 조언이나 충고를 하는 사람의 속마음은 상대방이 더 잘되길 원해서인 경우가 대부분이다. 물론 물어보지도 않은 조언, 필요치 않은 충고를 듣는 것은 기분이 썩 좋지 않다. 마치 자신을 통제하려는 것 같고, 지적하는 것 같은 느낌이 들기 때문이다. 거기서 기분만 나빠하고 귀를 닫아버리면 하수다. 당신의 그릇은 더 넓어질 수 있다. 언짢은 기분을 항상 참으면서 충고를 비판 없이 다 수용하라는 말이 아니다.

하지만 감정에 휩쓸려 너무 부정적인 태도로 일관하면 정말 필요한 피드백이나 조언도 놓쳐버린다. 일단 충고하는 사람의 관점이 어떤지 들어보자. 일단 들어보자는 생각은 당신에게 마음의 여유를 줄 것이다. '저 사람의 관점은 저렇구나. 나에게 자신의 관점을 알려주기 위해 노력하는구나. 저런 관점도 있었구나.'라고 상대방에 대해 관대하게 생각해야 한다. 그것을 받아들일지 말지는 당신의 선택이다. 어디를 고쳐야 하고 개선해야 하는지 판단하는 것은 당신이다.

아마 충고를 하는 사람도 어떻게 해야 할지 고민했을 확률이 높다. '내 조언이 도움이 되었을까?', '혹시 내 말에 기분 나빴을까?' 하며 남모르게 눈치를 보고 있을 수도 있다. 충고를 한 사람과 돈독한 관계를 이어가고 싶다면 당신이 더 성숙한 어른이 되어야 한다. 상대의 충고에 대한 피드백과 감사함을 표현해보자. "이 부분은 도움이 되었어. 고마워.", "내 문제로 고민을 많이 해준 게 느껴지네. 고마워."라는 말은 상대에게 보람을 느끼게 한다. 상대보다 큰 그릇으로 충고를 수용한다면 관계도 발전시킬 수 있다.

5

가까운 사이일수록 거리를 지켜야 다치지 않는다

자주 싸우게 되는 사람이 있다. 누구와 자주 싸우는지 생각해보면 의외로 가까운 사람과 더 많이 싸운다. 집에서는 부모님과 자식이 싸우거나 형제, 자매끼리 싸운다. 학교에서는 친구와 싸운다. 밖에서는 연인과 싸운다. 가까운 사람일수록 소중히 대해주어야 한다는 것은 다들 알고 있다. 그러나 아이러니하게도 가까운 사람들에게 가장 많이 상처를 주고 사소한 일로도 상처받는다. 왜일까?

첫 번째로는 싸울 기회가 많기 때문이다. 마주치지 않는 사람과는 싸울 일 자체가 없다. 인간관계는 고슴도치와 같다. 너무 가까이 있으면 서로의 가시에 상처를 입게 된다. 자주 마주치기 때문에 부딪힐 확률이 높아진다. 서로 다르다는 것을 알게 되고 안 맞는다는 것을 느끼면서 불화가 생긴다. 두 번째는 편하기 때문이다. 대부분의 사람들은 약간의 거리가 있을수록 매너가 좋아진다. 의식적으로 배려하기 위해서 노력하기 때문이다. 심리적으로 친밀해질수록 이 거리는 좁혀지고 긴장을 늦추게 된다. 편한 것은 양날의 검이다. 편하기 때문에 상대방을 쉽게 생각하게 되는 경향이 생기기 때문이다. 상대방을 쉽게 생각할수록 상대방은 존중받지 못한다고 느낀다.

남자친구 오늘 같이 카페 갈래?

여자친구 그러자. 카페 가서 책 좀 봐야겠다.

남자친구 우리 오랜만에 만났으니까 책 말고 얼굴 보고 얘기 좀 하면 안 될까?

여자친구 우리 저번 주에도 봤잖아. 그럼 30분 정도 같이 수다 떨다가 각자 할 일하자.
어때?

남자친구 사람이 왜 이렇게 칼 같냐…. 서운하게…. 어휴, 알겠어.

극단적인 비교를 위해 직장 상사를 예로 들어보겠다. 과연 위 사례의 여자는 카페에서 이야기하자는 상사를 두고 혼자 책을 읽는다고 할 수 있을까? 절대 쉽지 않을 것이다. 그런데 왜 남자친구에게는 이렇게 쉽게 말할 수 있을까? 연인관계는 거리에 따른 관계의 온도차를 느끼기에 가장 대표적인 예이다. 대부분의 연인관계는 잘 모르는 사이로 만나 호감을 느끼고 점차 가까워진다. 상대방이 좋아하는 것, 싫어하는 것을 궁금해하고 어떻게든 더 잘 보이기 위해 노력한다. 마침내 서로 통하여 교제를 시작하고 누구보다 친밀해져 간다. 그러다 어느 정도 시간이 흐르면 상대방의 사소한 말 한마디에 서운해지기도 하고 때로는 '이 정도는 이해해주겠지.' 하며 넘겨짚기도 한다. '이 정도는 해주겠지?'라는 기대감도 커진다. 가까워질수록 점점 상대방이 가볍게 느껴지는 것이다.

우리의 뇌는 우리와 가까이 있는 사람을 점점 자신과 같이 인식한다. 한 예로, 우리는 모르는 사람이 역경에 빠졌을 때보다 부모, 연인, 친구가 역경에 빠졌을 때 자신의 일마냥 스트레스를 받는다. 그래서 가까운 사람일수록 자신의 모습을 투영하고 자신의 생각대로 움직이길 바란다. 덩달아 기대도 커진다. 문제는 여기서부터이다. 자신의 감정을 받아주길 원하고 기대하는 것도 커지지만 안타깝게도 상대방은 온전히 다른 생각을 가진 남이다. 오히려 상대방도 당신이 자신의 감정을 받아주길 원하고 기대한다. 서로 받아주기만을 원할 때, 기대만 커질 때, 원하는 대로 되지 않으면 실망과 속상함만 커진다.

가까워질수록 그 사람에 대해 더 잘 알게 된다. 그 사람만의 선이 무엇인지도 더 잘 알게 된다. 그러나 아이러니하게도 사람들은 가까울수록 그 선을 넘어도 된다고 생각한다. 그동안 상대방이 나에게 맞춰주었던 것을 바탕으로 앞으로도 맞줘줄 것이라는 착각도 생긴다. 가까운 사람과도 거리를 지키기 위해서는 착각하지 말아야 한다. 아무리 편해도 예의를 차려야 한다. 아무리 가까워도 각자의 선이 있다는 것을 생각하라. 당신이 가진 기대를 인정하고 조금은 내려놓자. 동시에 사소한 일로 상대방에게 상처받고 속상할 때는 앞장에서 배웠던 기술들로 솔직하고 분명하게 표현하자.

상원 오늘따라 머리가 왜 이렇게 삐죽삐죽해?

다솔 몰라. 바람맞아서 그런가.

상원 머리 안 감은 거 아냐?

다솔 감았거든?

상원 에이~ 아닌 거 같은데~? 안 감았지?

다솔 아, 감았다니까!! 뭔 상관이야!

상원 알겠어…. 왜 소리를 지르고 그래. 평소 같지 않게.

다솔 하아…. 소리 질러서 미안해. 내가 오늘 좀 피곤해서 그래.

- 인간관계에도 쉬는 시간이 있어야 한다

체력 에너지가 고갈되었거나 심적으로 긴장감이 있어도 제대로 된 소통을 하기 힘들다. 가끔은 인간관계에서도 쉬는 시간이 있어야 좋은 마음으로 다시 대화할 수 있다. 피곤하거나 내키지 않는 상태에서는 대화가 평소와 다르게 흘러간다. 장난을 장난으로 받아들일 여유가 없어지고 생산적인 대화를 나눌 여력이 없다. 이럴 때는 상대방과의 대화에서 잠시 퇴장하고 자신과 대화가 필요하다. 자신의 몸과 마음을 돌볼 시간이 있어야 한다.

고독한 것을 싫어하는 사람도 많지만, 고독은 오히려 장기적으로 관계를 돈독하게 만들 수 있다. 인간관계에서 고독의 효과는 크게 3가지이다. 첫 번째는 창의력 향상이다. 고독과 창의력이 무슨 상관이냐 생각할 수 있다. 그러나 미국 시카고대학의 심리학 교수인 미하이 칙센트미하이는 말한다. "창의적인 사람들은 외향성과 내향성 모두를 나타내 보이는 경향이 있습니다." 그는 또한 아무리 외향적인 사람이라도 규칙적인 혼자만의 시간을 가지는 것이 좋다고 한다. 사람들과의 관계와 혼자만의 시간 사이의 균형을 맞추는 것으로 창의력이 향상될 수 있다는 말이다.

두 번째는 자아 성찰이다. 자신과의 대화를 가장 많이 할 수 있는 시간은 고독할 때이다. 자신과의 대화가 많아질수록 '자기다움'이 생긴다. 자신이라는 주축이 없으면 이리저리 휩쓸리기 쉽다. 남들의 의견에 휩쓸리다 보면 어느새 남들에게 조종당하는 삶을 살고 있을지도 모른다. 자신만의 삶을 살기 위해서는 자신이 주축이 되어야 하고, 그러기 위해서는 자신과의 대화와 자신에 대해 알아보는 시간이 꼭 필요하다.

마지막은 공감 능력 향상이다. 공감 능력은 사회적 지능의 많은 부분을 차지하고 인간관계를 유지하는 데도 큰 영향을 미친다. 공감과 배려가 너무 없는 사람은 호감을 얻기 힘들고 자신만 생각하는 이기적인 사람으로 비치기 쉽다. 그런데 고독과 공감 능력이라니? 둘은 전혀 상관없는 단어 같지만 놀랍게도 상관관계가 있다. 사람은 고독의 시간 동안 자신의 감정을 되돌아보고 생각을 정리할 수 있다. 자신의 감정을 잘 이해하는 사람은 다른 사람의 감정도 이해할 수 있다. 고독의 시간은 스스로의 역량을 키우는 시간이다.

혼자만의 시간은 자신을 돌보고 안정적인 휴식을 취할 수 있는 시간이다. 적막함과 외로움이 힘들어 고독의 시간을 무서워하는 사람들도 있다. 고독도 생각하기 나름이다. 이왕이면 고독이 주는 좋은 점을 생각해보자. 고독은 생각을 정리할 수 있게 해주고 성찰할 수 있게 해준다. 고독을 통해 얻는 성찰과 휴식은 상대방과의 선에 대해서도 생각하게 될 것이다. 앞으로의 인간관계를 유지하는 데 좋은 원동력이 될 것이다.

※ 고독을 원동력으로 만드는 방법: 글쓰기

개인적으로 힘든 시간을 보내고 있다면 일반적인 소통을 하기가 더 힘들다. 힘들수록 가까운 사람들의 소중함을 잊어버리기도 한다. 그럴 땐 글쓰기를 해보자. 글쓰기는 생각 정리, 감정정리에도 도움이 된다. 뉴질랜드의 오클랜드 의과대학에서 진행한 실험 결과 '감정 글쓰기'는 당장은 참가자들의 감정을 동요시켰지만, 장기적으로는 긍정적인 효과가 있다고 한다.

나는 오늘 기분이 안좋다
혼자 있고 싶다
왜 아무도 내 마음을
알아주지 않는걸까

“6”

기분 상하지 않는 매력적인 거절법이 있다

부탁한다고 해서 꼭 들어줘야 하는 것은 아니다. 물론 충분히 들어줄 수 있는 부탁이라면 언제든지 들어줄 수 있다. 반대로 상황에 따라 들어주지 못하는 때도 있기 마련이다. 그러나 상대방에게 부탁했는데 매몰차게 거절당하면 왠지 모르게 서운하다. 한편, 거절할 때도 불편하기는 마찬가지다. 거절을 유독 어려워하는 사람들이 있다. 싫은 소리 자체를 제대로 못하는 사람들도 있다. 거절이 어려운 이유는 주로 왠지 상대방에게 긍정적인 답변을 줘야 할 것 같고, 상대방이 나의 거절에 상처받을까 봐서다. 고심하고 또 고심하다 마지못해 승낙하기가 애매한 거절로 혼란을 주기도 한다.

태성 이번 주말에 내 고양이 이틀만 맡아줄 수 있어?

내가 이번 주말에 여행을 가서 봐줄 사람이 없거든….

지인 이번 주말에? 음….

태성 제발 이틀만 맡아주라. 알아서 잘 노니까 밥만 몇 번 챙겨주면 돼!

배변도 정해진 곳에만 하니까 걱정 안 해도 돼!

지인 음…. 그래. 알겠어. (고양이 털 엄청 빠질 텐데….)

선부른 승낙은 거절만도 못할 때가 많다. 자기 능력을 넘어선 부탁은 함부로 들어주는 것이 아니다. 들어주었을 때 체력적으로, 시간적으로, 경제적으로 감당하기 힘든 손해를 입을 가능성이 있는 부탁도 마찬가지다. 친분 때문에 괜히 들어주었다가 부탁을 제대로 수행하지 못하면 들어주고도 욕먹는 일도 생긴다. 그러지 않기 위해서는 부드럽지만 확실하게 거절하는 방법을 알아야 한다.

거절은 긍정적인 인간관계를 위해서도 꼭 필요하다. 선부른 결정은 오히려 상대방과의 관계가 더 스트레스로 다가올 수 있기 때문이다. 항상 부탁을 들어준다고 상대방이 항상 고마워하는 것도 아니다. 거절을 잘하는 사람들이 있다. 그들의 거절은 특별히 서운하지도 않다. "사정이 있구나." 하면서 오히려 그들의 상황을 이해하게 만든다. 그들은 거절을 통해 오히려 상대방도 챙기고 자기 자신도 챙긴다. 그들은 어떻게 거절하기에 거절당하는 사람의 감정이 상하지 않는 것일까?

- 거절을 위해 가져야 하는 태도

거절을 하기 전 알아둬야 할 3가지가 있다. 첫째로, 거절은 미안한 일이 아니다. 거절에 대한 유감, 안타까움의 의미로 미안하다고 말할 수는 있지만, 죄를 지은 것은 아니다. 당신이 어쩔 수 없이 부탁을 들어주지 못해 상대방이 곤란에 처한다 해도 그것은 당신의 잘못은 아니다. 거절에 대한 죄책감을 느끼지 않아도 된다. 그 감정은 상대방의 상황에 대한 안타까움 정도로 인지해야 한다.

두 번째로, 당신이 거절한다고 해서 상대방이 크게 상처받을 것이라는 생각을 버려야 한다. 물론, 거절할 때 상대방의 기분이 상하지 않도록 배려해야 한다. 하지만 상처받을까 봐 무리한 부탁을 억지로 들어줄 필요는 없다. 상대방도 여러 가지 수를 생각하면서 부탁하는 경우가 대부분이기 때문이다. 당신 생각만큼 상처받지 않는다. 마찬가지로 당신이 부탁을 들어주지 못해 상대방이 문제를 해내지 못할 것이라는 생각도 버리는 것이 좋다. 상대방은 당신의 생각보다 강하고 똑똑할지도 모른다. 부탁한다고 해서 상대방의 문제를 대신 해결

해주는 것이 오히려 상대방의 문제 해결 능력을 키우지 못하게 하는 것일 수도 있다. 상대방을 위해서라도 거절이 필요할 때가 있다.

마지막으로 거절할 때 중요한 것은 존중이다. 사실 거절을 당할 때 감정이 상하는 가장 큰 이유는 존중받지 못한 느낌을 느꼈을 때이다. 존중받지 못했다는 기분은 거절 그 자체보다 감정을 더 상하게 한다. 거절에도 배려를 담아야 한다. 작은 예를 하나 들어보자. A와 B라는 두 친구가 영화를 보러 가기로 약속했다. A는 B에게 오기 전에 B의 집 앞에 있는 가게에서 물건 하나만 사다 주기를 부탁했다. 하지만 B는 이미 영화 시간에 맞춰서 외출 준비를 하여 가게를 들리기에는 촉박한 상황이다. 이때 B가 "야, 그게 지금 뭐가 필요해. 다음에 네가 사 그냥."이라고 말하면 어떨까? A가 생각하기에는 아주 잠깐의 시간만 내주면 될 것 같은데 그 정도도 못 해주는 친구에게 서운할 것이다. 존중받지 못한 느낌이 드는 것이다. 하지만 B가 "나도 그래주고 싶은데, 가게를 들르면 영화 시간에 늦을 것 같아. 그건 다음에 사면 안 돼?"라고 말하면 A도 서운하지 않고 상황을 이해한다. 똑같은 거절이지만 존중받는 느낌을 받느냐 못 받느냐는 감정에 큰 영향을 미친다. 기분이 상하지 않는 거절에는 배려가 담겨있다.

- 매력적으로 거절하는 방법

사람들은 기분 나쁘지 않게 거절하기 위하여 조심스럽고 어렵게 말을 꺼낸다. 어떻게 말해야 기분 나쁘지 않게 들을까 하며 고민을 거듭한다. 기분 상하게 하지 않는 거절의 몇 가지 대표적인 기술과 템플릿이 있다. 이것들을 숙지하면 거절도 부드럽게 꺼낼 수 있다. 거절을 당한 사람도 감정 상함보다는 문제의 해결에 더 집중할 수 있다.

누리　제발 이번 한 번만 받아주시면 안 될까요?
제가 중간에 교통사고를 당해서 마감 맞추기가 어려웠어요.

다영　교통사고를 당하셨다니…. 정말 정신이 하나도 없으셨겠어요. 하지만 서류 제출 기한이 12시까지라 이미 마감이 된 상태에요.

누리　딱 이번 한 번만 안 될까요? 사고 수습되는 대로 바로 온 거거든요.

다영 사정은 저도 안타깝습니다만, 개개인의 사정을 전부 수용해 드리면 다른 분들 사정도 전부 봐 드려야 되거든요. 그러면 기한 내에 제출하신 분들에게는 형평성의 논란이 있지 않을까요?

누리 네…. 그래도 이번에 꼭 제출을 했어야 하는 거라….

다영 일단 서류가 이미 다른 부서로 넘어가서 지금 저한테 주셔도 큰 의미가 없어요. 차라리 다음 분기에도 또 접수할 예정이니 그때 신청해주시는 게 어떠세요?

누리 그때는 너무 늦은 것 같아서요.

다영 어떡하죠? 저도 도와드리고 싶은데 지금은 방법이 없네요. 정신없이 오셨을 텐데 도와드리지 못해 죄송해요.

누리 네. 알겠습니다. 어쩔 수 없네요. 도와주시려 해서 감사해요.

다영 아니에요. 다음 분기에는 늦지 않게 잘 신청해주세요.

누리 네. 다음부터는 늦지 않도록 할게요. 감사합니다.

1) 진정성

거절에는 진정성이 필요하다. 거절의 진정성이란 매몰찬 느낌을 주는 완곡한 거절이 아니다. 상대방의 부탁을 경청하고 그 상황을 충분히 이해한다는 마음을 내비치는 것이다. 상대방에게 '당신의 말이 무슨 뜻인지 알겠어요.', '당신의 상황 충분히 이해해요.'라는 마음을 알려주는 것과 그렇지 않은 것의 차이는 크다. 공감이 담긴 거절은 타격도 적기 때문이다. 그런 마음을 내비치기 위해서는 보디랭귀지도 사용할 줄 알아야 한다. 상대방이 부탁할 때 몸을 살짝 앞으로 기울이고 주의 깊게 듣는다는 태도가 필요하다. 당연한 이야기지만 다리를 꼬거나 팔짱을 끼는 행동은 무례해 보일 수 있으므로 주의해야 한다.

2) 한 번에 확실하게

매몰찬 거절은 상대방의 감정을 상하게 하기 쉽지만 "생각해볼게."같은 희망 고문도 하지 않는 것이 좋다. 상대방의 부탁에 생각할 시간을 달라고 하는 것은 진정성을 보여주는 한 방법이기도 하다. 부탁을 진심으로 고민해보는 듯한 느낌을 주기 때문이다. 다만, 보류의 시간이 너무 길어지게 하는 것은 좋지 않다. 신중하지만 되도록 빨리 결정을 내주는 것이 좋다. 기다림의 임계점이 넘어가면 상대방은 지치고 나중에 거절당했을 때 실망도 더 커진다.

3) 구체적인 이유

거절의 구체적인 이유는 상대방의 이해를 돕는다. "내가 이런 상황이라 나도 어쩔 수가 없어.", "내가 이 부분은 자신이 없어서 오히려 망칠까 봐 걱정돼.", "나는 가까운 사람과 돈거래는 하지 말자는 주의라 그 부탁은 어려울 것 같아."라며 거절을 할 수밖에 없는 상황, 자신의 능력의 한계, 자신만의 원칙 등을 잘 설명해줘야 한다. 물론 설명하면서 상대방이 부탁할 수밖에 없는 상황임을 충분히 이해한다는 것을 어필해야 한다.

4) 아쉬움 표현

도와주지 못해서 미안하다는 표현을 해주면 좋다. 이 미안함은 잘못에 대한 사과가 아니라 유감의 표현이다. 마음만은 도와주고 싶은데 그러지 못해 아쉽다는 마음을 표현해주어야 한다. 그러면 상대방도 “저 사람은 날 도와주고 싶은데 어쩔 수가 없는 거구나. 다른 방법을 찾아봐야지.”라는 마음이 든다. 앞에서도 이야기했지만, 거절에서 감정이 상하는 이유는 거절 자체보다 존중이다. 거절당한 상대방의 체면과 자존심을 지켜주어야 한다. 아쉬움의 표현은 상대방이 거절에 대한 상심보다 문제 해결에 집중할 수 있도록 도와주는 일이다.

5) 부탁의 축소와 화제 전환

들어주기 힘든 부탁을 들어줄 수 있는 부탁으로 요령껏 바꾸는 방법도 있다. 꼭 상대방이 부탁한 그대로를 들어줄 필요는 없다. 정말 상대방의 부탁을 들어주고 싶은데 너무 부담스럽다고 생각되면 “전부는 못 해도 이 정도는 해줄 수 있을 것 같아.”라고 본인에게 부담스럽지 않게 바꿔보자. 보통 거절한 직후에는 분위기가 살짝 서먹해질 수 있다. 크게 심각한 상황이 아니라면 거절 직후에 요령껏 화제를 돌려보라. 금방 다른 화제에 집중되어 서먹함을 자연스럽게 넘어갈 수 있다.

“7”

험담에 대처하는 특별한 방법이 있다

험담이 나쁜 것이라는 것은 누구나 알고 있다. 험담을 함부로 해서는 안 된다는 것도 알고 있다. 험담이 안 좋은 이유는 굳이 언급하지 않아도 다들 안다. 이번 장에서는 험담의 대처 방안에 대해 더 자세히 알아보자. 다들 험담이 나쁘다고 알고 있음에도 불구하고 주변에서 누군가를 헐뜯고 비꼬는 말은 너무나도 흔히 들을 수 있다. 험담의 함정에 빠지면 헤어 나오기 힘들다. 단지 갈등 상황을 이야기한 것인데 어느 순간 험담꾼이 되었을 수도 있다. 그냥 이야기를 들어주었을 뿐인데 같이 뒷말을 한 사람이 되어 있는 경우도 있다. 험담을 하지 말아야 한다고는 알고 있으나 나도 모르게 특정인에 대한 허점을 얘기하고 있던 순간도 있다. 누구든 험담을 하는 사람이 될 수도 있고 험담을 듣는 사람이 될 수도 있다. 어떻게 해야 험담에서 벗어나게 될 수 있을까?

혜린 김 부장님 진짜 별로지 않아?

연이 왜?

혜린 아니, 사사건건 간섭하고 계속 사생활을 물어보잖아. 예의가 없는 것 같아.

연이 무슨 일 있었어?

혜린 아까 부장님한테 내일 하루 연차 쓴다고 말했거든?

근데 왜 쓰는 거냐, 남자친구랑 어디 좋은 데 가냐, 막 물어보는 거 있지?

연이 부장님이 질문이 많으셔서 간섭하는 것 같았구나.

혜린 어휴. 진짜 빨리 부서를 바꾸든가 해야지.

연이 너희 부장님이 참 호기심이 많으시네. 그래서 일도 꼼꼼하신 건가?

네 마음이 편해지려면 호기심이 적은 부장님이 계신 부서로 옮겨야겠다.

험담을 먼저 두 가지로 구분해보자. 한 가지는 갈등 상황에서 생기는 험담이다. 인간관계를 이어가다 보면 틀림없이 누군가와 갈등이 생긴다. 가장 좋은 방법은 당사자끼리 속 깊은 대화를 통해 해결하는 것이지만 여러 이해관계가 얽혀있는 사회에서는 그러기 쉽지 않다. 때문에 주로 다른 사람에게 자신의 상황을 털어놓으면서 스트레스를 푸는 경우가 많다. 이런 경우 험담의 목적은 남을 깎아내리기 위해서라기보다는 자신의 속상함, 억울함을 알아달라는 게 더 크다.

다른 한 가지는 열등감에서 나오는 험담이다. 자격지심, 시기, 질투 전부 비슷한 맥락이다. 이런 감정들 속에서 쉽게 피어날 수 있는 말이 험담이다. "사돈이 땅을 사면 배가 아프다."라는 말처럼 인간의 본성에는 자신보다 잘나가는 사람에 대한 질투가 있다. 꼭 잘나가는 사람이 아니라도 주변 사람이 칭찬받는 꼴을 못 본다. 이 질투는 사람들로 하여금 험담하게 하여 어떻게든 상대방을 끌어내리게 만든다. 이 경우 험담의 목적은 타인의 허점을 찾아 자신을 위안하기 위함이다.

꼭 열등감이 아니라 우월감을 느끼기 위해서일 수도 있다.

"걘 그래서 안 돼." 같은 말로 상대방을 내리깔면서 상대적 우위를 점할 수 있다. 상대방의 단점을 통해 자신을 높이고 안정을 찾는 심리는 열등감으로 인한 험담과 비슷한 맥락이다. 그리고 이 험담은 혼자보다 여럿이 공유하고 동조할 때 더욱 우월감을 느끼고 안정감을 느낀다. 실제로 서울대병원의 정신건강의학과 윤대현 교수는 인간은 뒷말을 할 때 정서적 유대감을 느끼는 호르몬인 '옥시토신' 분비가 증가한다며 뒷말은 인간의 본성이라 했다.

- 험담을 들을 때 대처 방안

1) 목적 파악하기

험담을 하는 데는 인간의 본성에서 기인한 목적이 있다. 험담의 목적이 채워지면 험담은 자연스럽게 줄어든다. 상대방이 남의 험담을 하고 있다면 위의 두 가지 험담 중에 어느 것에 해당하는지 구분해보자. 남의 잘못을 따지면서 공감받고 싶은 것인가? 아니면 타인의 허점을 짚어 체면을 꺾고 상대적 우위를 느끼고 싶은 것인가? 어떤 험담이냐에 따라 다른 대처 방법을 쓸 수 있다. 험담을 통해 상대방은 얻고 싶은 게 무엇일까?

2) 공감과 방향 전환

갈등 상황에서 화풀이 같은 험담의 목적은 공감이다. 자신이 직접 겪은 이 억울함, 난감함, 속상함을 알아달라는 마음이다. 한마디로 공감해달라는 것이다. 이런 험담에 공감해주는 방법은 두 가지다. 첫 번째는 험담 대상이나 상황에 함께 분노하는 것이다. 하지만 이 방법은 상대방의 기분은 좀 풀어지겠지만, 같이 험담하는 사람이 되어버리는 함정에 빠질 수 있다. 혹은 기껏 같이 욕해줬는데 도리어 상대방이 "너무 욕하진 말

아줘."라고 말하는 황당한 경우도 생긴다. 더군다나 이해관계가 얽힌 여러 사람이 있는 곳에서 이와 같은 행동은 더욱 당신에게 마이너스다.

두 번째는 험담을 들으면서 상대방의 의견과 객관적 사실을 구분하고 상대의 감정에 집중하는 것이다. 상대방이 말하는 상황 속에서 상대방이 어떤 기분을 느꼈는지 알아주는 것이다. '부장님이 예의가 없는 것'과 '질문을 많이 한 것' 중에서 의견과 사실을 구분한다. 의견에는 동조하지 말되 사실을 통해 상대방이 느꼈을 감정을 이해해주어야 한다. 공감을 어느 정도 한 후에는 상대방의 '의견'을 긍정적인 방향으로 바꿔주면 험담의 함정에 빠지지 않을 수 있다. 반드시 공감 후 대화의 방향 전환해야 한다. 반대의 순서는 상대방이 공감받았다고 느끼지 못하고 자신의 편이 아니라는 느낌을 들게 한다.

3) 무반응과 지지

민철　너 성민이 소식 들었어?

소민　아니? 무슨 일 있어?

민철　걔 얼마 전에 차 샀다고 막 자랑했잖아.

소민 맞다. 그랬었지.

민철 그게 알고 보니 남의 차를 자기 차라고 거짓말한 거였대! 차 주인한테 완전 깨졌다는데?

소민 헐. 그런 일이 있었구나.

민철 어쩐지. 지 능력에 무슨 차야. 난 걔가 자랑할 때부터 의심은 하고 있었어.

소민 열심히 일해서 살 수도 있지~

민철 아냐 아냐. 걔는 차를 살 능력이 못 돼. 운전면허에 잉크도 안 말랐을걸?

소민 …

민철 하여간 걔는 그놈의 허세가 문제야.

소민 너는 차 산 지 얼마나 됐더라? 안전 운전하고 있니?

사실 험담에 대처하는 최고의 방법은 그 자리를 피하는 것이다. 하지만 아무도 "나 지금부터 험담할 거야."라고 알려주지 않는다. 대화를 하다 보면 자연스럽게 나올 수 있는 주제이다 보니 그때마다 자리를 피하기는 쉽지 않다. 그렇다고 계속 들어주자니 같이 험담하는 사람이 되는 것만 같다. 이럴 때는 상대방의 말에 최대한 반응하지 말아야 한다. 어쩌면 무반응은 너무 뻔한 방법이라고 생각할 수 있다. 그러나 사람은 자기 말에 흥미를 보이지 않는 사람에게는 말을 점점 안 하게 된다. 이를 심리학 용어로 '소멸Extinction'이라고도 한다. 험담 당하는 사람을 슬쩍 지지하면서 '난 너의 생각에 동의하지 않아.'를 은근슬쩍 보여주는 것도 좋은 방법이다. 대놓고 반대 의견을 내비치면 상대방의 기분을 상하게 하고 다음 험담의 대상은 당신이 될 수도 있다.

무반응으로 대해도 여전히 자신이 하고 싶은 말만 하면서 험담을 늘어놓는 사람들이 있다. 자신의 목적이 충족되지 않아서다. 이들의 목적은 열등감 회복 혹은 우월감 느끼기다. 상대방을 깎아내리면서 자존감을 채우고 있는 것이다. 자존감이 낮은 사람일수록 험담하는 횟수가 많아진다. 상대방의 자존감을 높일 수 있는 주제로 화제를 전환하는 것도 좋다. 그러나 항상 존중하면서 상대의 감정을 보살펴줄 수 있으면 좋겠지만 당신은 보살이 아니다. 상대방의 낮은 자존감과 열등감을 회복시켜주기엔 상당히 지칠 수 있다. 그럴 땐 단순한 일상 주제로라도 화제를 돌리자. 주의를 돌리는 것은 험담을 자연스럽게 멈추는 좋은 방법이다.

- 나도 모르게 험담하고 있다면

자신도 모르게 험담하고 있을 때가 있다. 이때도 역시 험담의 목적을 생각해보자. 당신의 험담이 공감을 바라는 험담인가? 그렇다면 험담이 아니라 공감해달라고 표현하자. 표현의 방법은 책의 앞장으로 돌아가 다시 공부해야 한다. 당신의 험담이 상대를 깎아내리기 위한 험담인가? 상대방이 내가 가지지 못한 것을 가졌기에 다른 허점을 찾아 험담하고 싶은 것은 아닌지 되돌아보자. '내가 쟤한테 열등감을 느낀다고? 말도 안 돼.'라며 인정하기 싫겠지만 인정해야 성장할 수 있다. 당신은 당신이 욕하고 있는 사람에게 느끼는 열등감에서 벗어나고 싶은 것이다. 우월감을 느끼고 싶은 것이다. 그렇다면 열등감을 성장으로 승화시킬 방법을 생각해보자. 열등감은 누구나 가지는 인간의 본성이다. 하수는 열등감을 험담으로 표현하고 고수는 열등감을 성장의 원동력으로 사용한다.